Hildegard von Bingen
Heilige Inspiration

Hildegard
von Bingen

Heilige Inspiration

Übersetzt und herausgegeben
von Matthias Hackemann

ANACONDA

Penguin Random House Verlagsgruppe FSC® N001967

Die Deutsche Nationalbibliothek verzeichnet diese Publikation in der Deutschen Nationalbibliografie; detaillierte bibliografische Daten sind im Internet unter http://dnb.d-nb.de abrufbar.

Umschlagmotiv: Simon Cook, »Radiance« (Acryl auf Leinwand) /
Bridgeman Images
Umschlaggestaltung: www.katjaholst.de
Satz und Layout: InterMedia – Lemke e. K., Heiligenhaus
Druck und Bindung: GGP Media GmbH, Pößneck
Printed in Printed in Germany
ISBN 978-3-7306-1358-0
www.anacondaverlag.de

INHALT

SCIVIAS:

VISIONEN VOLLER HARMONIE

FEIERLICHE BEZEUGUNG, DASS MEINE VISIONEN IN DIESER FORM WAHRHAFT VON GOTT AUSGEGANGEN SIND

Siehe, im 43. Jahr meines weltlichen Lebenslaufes war ich in großer Angst und zitterte vor Anspannung, da ich von einer himmlischen Vision ergriffen war. Ich sah einen übermächtigen Glanz, und in ihm entsprang eine Stimme aus dem Himmel, die zu mir sprach:

»O zerbrechlicher Mensch, Asche von Asche und Fäulnis von Fäulnis, sage und schreibe, was du siehst und hörst. Weil du aber zu ängstlich bist, um es zu sagen, und zu einfältig, um es darzulegen, und zu ungebildet, um es niederzuschreiben, sage und schreibe diese Dinge nicht mit dem Mund eines Menschen, auch nicht indem du nach menschlichem Verstand etwas hinzuerfindest, auch nicht indem du sie nach menschlichem Willen zusammensetzt, sondern gemäß der Art, wie du sie von oben her nach dem himmlischen Wunderwirken Gottes siehst und hörst. Lege sie deshalb so dar und trage sie so vor, wie ein Schüler die Rede seines Lehrers aufnimmt und sie anschließend öffentlich im Wortlaut verkündet, so wie jener es will, zeigt und lehrt. Auch du sollst also in dieser Form sagen, o Mensch!, was du siehst und hörst. Und schreibe das nicht nach deinem oder eines anderen Menschen Dafürhalten nieder, sondern gemäß dem Willen dessen, der in den Geheimnissen seiner Mysterien alles weiß, sieht und ordnet.«

Und wieder hörte ich die Stimme vom Himmel herab zu mir sagen:

»Verkünde also diese Wunder, schreibe sie auf, da du in dieser Weise unterwiesen worden bist, und verkünde sie.«

Es ereignete sich im eintausendeinhunderteinundvierzigsten Jahr der Menschwerdung des Sohnes Gottes, Jesu Christi, als ich zweiundvierzig Jahre und sieben Monate alt war: Der Himmel öffnete sich und loderndes Licht fuhr in hellstem Strahlen hernieder, durchdrang mein ganzes Gehirn, entzündete mein ganzes Herz und meine ganze Brust wie eine Flamme, doch diese verbrannte nichts, sondern fachte mit ihrer Hitze alles so an, wie die Sonne die Dinge erwärmt, auf die sie ihre Strahlen lenkt. Und plötzlich gewann ich das Verständnis, die Bücher auszulegen, nämlich den Psalter, das Evangelium und die übrigen katholischen Schriften sowohl im Neuen als auch im Alten Testament – ich erwarb aber nicht die Auslegung der einzelnen Wörter in ihren Texten, auch nicht die Kenntnis der Silbentrennung, der Kasus und der Tempora.

Ich habe schon von Kindesbeinen an das wundersame Mysterium geheimer und staunenswerter Visionen auf unerklärliche Weise in mir verspürt, nämlich seit der Zeit, als ich fünf Jahre alt war, bis in die heutige Zeit und auch jetzt noch. Das habe ich jedoch keinem Menschen offenbart – mit Ausnahme einiger weniger Mönche, die wie ich im Kloster lebten. Vielmehr verbarg ich es einstweilen unter stummem Schweigen, bis zu der Zeit, als Gott es in seiner Gnade sichtbar werden lassen wollte. Aber die Visionen, die ich hatte, vernahm ich weder im Traum noch im Schlaf noch im Wahn und auch nicht mit den Augen meines Leibes oder den äußerlichen Ohren des Menschen, auch nicht an abgelegenen Orten.

Vielmehr habe ich sie wach und an öffentlichen Orten, mitten unter Menschen bei klarem Verstand mit den inneren Augen und Ohren des Menschen nach dem Willen Gottes empfangen. Wie das geschieht, ist für einen Menschen, der sein Leben auf das Fleisch ausrichtet, schwer zu erkennen.

Aber als ich dem Mädchenalter entwachsen war und das übliche Alter erreicht hatte, wenn der Körper voll entwickelt ist, hörte ich aus dem Himmel eine Stimme sprechen:

»Ich, das lebendige Licht, das die Dunkelheit erhellt, habe den Menschen, den ich gewollt und nach meinem Willen wundersam aufgerüttelt habe, mit großen Wundern umgeben, weit mehr als frühere Menschen, die durch mich viele Geheimnisse gesehen haben. Aber ich habe ihn zur Erde niedergeworfen, damit er sich nicht in innerlicher Anmaßung erhebe. Und weder Freude noch Ausgelassenheit noch Gewandtheit in weltlichen Dingen fand die Welt bei ihm. Denn ich habe ihm seine feste Unerschrockenheit entrissen, indem ich ihn Angst empfinden ließ und ihm in seiner Mühsal Furcht einflößte. Im innersten Mark seines Leibes verspürte er Schmerzen, weil ihm Seele und Sinn zugeschnürt waren, und erduldete körperliches Leiden in Menge, sodass ihm nicht verborgen blieb, dass Sicherheit ein unstetes Gut ist. Aber in all diesen Umständen erachtete er sich stets selbst als den Schuldigen. Denn ich habe sein Herz ringsum eingerissen, damit sein Geist sich nicht zu Hochmut oder Prahlerei erhob, sondern damit er in alledem vielmehr Angst und Schmerz statt Freude und Ausgelassenheit verspürte. Daher ist er aus meiner Liebe heraus in seiner

Seele geprüft worden, wo er denjenigen finden sollte, der auf dem Weg des Heils wandelte. Und er fand und liebte ihn in der Erkenntnis, dass er ein gläubiger Mensch war und genau wie er selbst die Mühen desjenigen erduldet hatte, der zu mir hinstrebt. Und weil er diesen angesichts all dessen für einen solchen Menschen hielt, mühte er sich, dass meine verborgenen Wunder durch göttliche Barmherzigkeit enthüllt würden. Und dieser Mensch hat sich nicht überhöht, sondern hat sich jenem, den er gefunden hatte, in demütigem Sehnen und im Eifer guten Willens unter zahlreichen Seufzern zugeneigt.

O Mensch, der du dies nun nicht in täuschender Verwirrung, sondern in reiner Schlichtheit empfängst, damit das Verborgene sichtbar gemacht werde: Schreibe, was du siehst und hörst.«

Aber wiewohl ich dies sah und hörte, habe ich mich doch lange Zeit verweigert und es nicht niedergeschrieben, aus Selbstzweifel, geringer Selbstachtung und wegen all dessen, was die Leute reden könnten – nicht jedoch aus Starrsinn, sondern als Dienerin der Demut –, bis Gottes Strafe mich niederwarf und ich vor Krankheit bettlägerig wurde. So legte ich endlich, von zahlreichen Erkrankungen genötigt, die Hand ans Schreiben – ein adliges, wohlgesittetes Mädchen und ein Mann, den ich dazu in aller Stille gesucht und gefunden hatte, waren meine Zeugen.

Als ich mich schließlich ans Werk machte, spürte ich, wie erwähnt, die Tiefe der Auslegung der Heiligen Schrift, gewann meine Kräfte zurück und richtete mich von der Krankheit wieder auf. Unter Mühen habe ich zehn Jahre dafür gebraucht, diese Arbeit zu Ende zu führen.

Zu der Zeit, als Heinrich Mainzer Erzbischof, Konrad König der Römer und Abt Kuno unter Papst Eugen Priester auf dem Berg des heiligen Disibod war, wurden mir diese Gesichter und Stimmen zuteil.

Ich habe sie in Worte gefasst und niedergeschrieben, ohne etwas nach meinem Empfinden oder dem irgendeines Menschen hinzuzuerfinden, sondern wie ich es durch die geheimen Mysterien Gottes in den himmlischen Erscheinungen gesehen, gehört und empfangen habe.

Und wiederum hörte ich die Stimme aus dem Himmel zu mir sagen: »Dies nun verkünde und schreibe!«

ES BEGINNT DIE ERSTE VISION IM ERSTEN BAND.

Ich sah so etwas wie einen großen Berg, der die Farbe von Eisen besaß. Und über ihm sah ich jemanden sitzen, dessen Helligkeit so stark war, dass sein Glanz meinen Blick von sich zurückwarf. Auf beiden Seiten breitete sich jeweils ein lichter Schatten aus, in der Form einem unerklärlich breiten und langen Flügel ähnlich. Und vor ihm, am Fuß des Berges, stand ein Schemen, der ringsum voller Augen war und an dem ich aufgrund dieser Augen keine menschliche Gestalt auszumachen vermochte. Vor diesem wiederum befand sich ein weiterer Schemen, dieser nun von jungenhaftem Alter, mit einem blassen Gewand und weißem Schuhwerk bekleidet. Auf dessen Haupt ging von jenem, der über diesem Berg thronte, eine dermaßen starke Helligkeit über, dass ich sein Antlitz nicht anschauen konnte. Von ihm aber, der über dem Berg thronte, strömten lebendige Funken in großer Zahl aus und stoben mit ungeheurer Anmut um diese Schemen im Kreis. An dem Berg selbst wiederum erschienen gleichsam Fenster in großer Menge und in diesen Köpfe wie von Menschen, manche blass, manche weiß.

Und siehe: Er, der über dem Berg saß, rief mit einer unfassbar starken und durchdringenden Stimme diese Worte: »O Mensch, gebrechlich bist du, Staub von der Erde und Asche von Asche, künde und sprich von der wahren Erlösung, die Einzug hält, damit diejenigen gebildet werden, die den Sinn der Schriften zwar bemerken, ihn aber weder verkünden noch predigen wollen, weil sie nachlässig und träge darin sind, die Gerechtigkeit Gottes zu bewahren. Eröffne ihnen die verschlossenen Geheimnisse, die sie selber in ihrer Scheu in einem entlegenen Acker fruchtlos vergraben haben. So also werde zum Quell des Überflusses und lasse deine mystische Unterweisung sich ergießen, auf dass dein Strom jene bewässere und aufwecke, nach deren Willen man dich wegen Evas Vergehen gering schätzen soll. Denn die Tiefe deiner genauen Erkenntnis empfängst du nicht von einem Menschen, sondern du erhältst sie vom himmlischen, furchtbaren Richter in der Höhe, wo dieser Glanz in gleißendem Leuchten mitten im Licht kraftvoll strahlen wird.

Erhebe dich also, verkünde und sage, was für dich durch die mächtige Stärke göttlicher Hilfe sichtbar geworden ist. Denn er, der jedem seiner Geschöpfe machtvoll und gnädig gebietet, durchströmt diejenigen mit dem Glanz himmlischer Erleuchtung, die ihn fürchten und ihm aus tiefer Liebe im Geist der Demut dienen, und führt diejenigen, die standhaft den Weg der Gerechtigkeit gehen, hin zu den Freuden der ewigen Schau.«

Stärke und Festigkeit der ewigen Herrschaft Gottes

Dieser große Berg, der die Farbe von Eisen hat, bezeichnet nun, wie du siehst, die Stärke und Festigkeit der ewigen Herrschaft Gottes, die nicht beendet werden kann, ganz gleich wie der schwankende Wandel drängt.

Und er, *der darüber in solcher Helligkeit thront, dass sein Gleißen deinen Blick zurückwarf,* versinnbildlicht ihn selbst, den Herrn, der im Reich der Glückseligkeit mit dem Glanz unerschöpflicher Heiterkeit über den ganzen Erdkreis gebietet und in seiner himmlischen Göttlichkeit allem menschlichen Verstand unbegreiflich ist.

Was bedeutet es aber, dass *sich von jeder seiner beiden Flanken ein lichter Schatten wie ein Flügel von unfassbarer Breite und Länge ausdehnt?*

Sowohl bei der Ermahnung als auch der Züchtigung bezeichnen die milden und sanften Fittiche seligen Schutzes in rechter und würdiger Weise die unaussprechliche Gerechtigkeit in ihrer unablässigen Billigkeit.

Die Furcht vor dem Herrn

Und vor ihm, am Fuß des Berges, steht ein Schemen, der überall voller Augen ist: Das heißt, dass die Furcht vor Gott, die im Angesicht des Herrn voller Demut das himmlische Reich schaut und von der Klarheit guter und rechter Absicht umgeben ist, ihren Eifer und ihre Beharrlichkeit unter den Menschen so ausübt, dass man *aufgrund ihrer eigenen Augen keine menschliche Gestalt an ihr erkennen kann:* weil sie jede Nachlässigkeit der Gerechtigkeit Gottes, welche die Menschen so oft im Verdruss ihres Geistes zu spüren meinen, durch ihre ungeheuer scharfe Prüfung so verwirft, dass die Prüfungen der Sterblichkeit diese Wachsamkeit aufgrund ihrer eigenen Schwäche nicht zertrümmern können.

Jene, die arm im Geiste sind

Daher erschien auch *vor diesem Schemen ein weiterer, in jungenhaftem Alter, der mit einer blassen Tunika, aber weißen Schuhen gekleidet war:* Das bedeutet, dass die Gottesfurcht vorangeht und ihr jene nachfolgen, die arm im Geiste sind. Denn die Furcht vor dem Herrn hält in ihrer demütigen Hingabe die Glückseligkeit der geistigen Armut fest, welche weder die Prahlerei noch die Überheblichkeit im Herzen sucht, sondern welche die Schlichtheit und den nüchternen Verstand des Geistes liebt. Denn in der Blässe der Unterwerfung schreibt sie – gleichsam in ein blasses Kleid gewandet – ihre gerechten Werke nicht sich selbst zu, sondern dem Herrn, und so folgt sie den hellen Spuren des Menschensohnes gläubig nach.

Auf dessen Haupt ging von ihm, der über dem Berg thronte, eine dermaßen starke Helligkeit nieder, dass man sein Antlitz nicht anschauen konnte. Dies besagt: Er, der jedem Geschöpf auf preiswürdige Weise befiehlt, gießt durch sein Eindringen die Macht und Stärke der Glückseligkeit in klarer Helligkeit ein, ohne dass ein Sterblicher mit seiner schwachen Erwägung dessen Absicht zu erfassen vermag; denn auch jener, der einen Schatz im Himmel besitzt, unterwirft sich ja demütig der Armut.

Die von Gott ausgehenden Kräfte behüten jene, die Gott fürchten und arm im Geiste sind.

Aber dass *von ihm, der über dem Berg sitzt, viele lebendige Funken ausgehen, die jene Schemen in großer Anmut umfliegen* – das bedeutet, dass von Gott, dem Allmächtigen, verschiedene unfassbar mächtige Kräfte ausgehen, die in göttlicher Helligkeit gleißen und diejenigen mit Hilfe und Schutz umgeben, glühend umfangen und ihnen Linderung verschaffen, die Gott wahrhaft fürchten und gläubig die Armut des Geistes lieben.

Die Ziele, nach denen die Menschenwerke streben, können vor Gottes Erkenntnis nicht verborgen werden.

Daher auch *erscheinen an dem Berg selbst gleichsam Fenster in sehr großer Zahl und in ihnen Köpfe wie von Menschen, manche blass, manche weiß:* Denn die Ziele, nach denen die Werke der Menschen streben, können der unendlich tiefen und scharfen Erkenntnis Gottes in seiner erhabensten Höhe weder verhehlt werden noch verborgen bleiben, zumal sie so oft Mattheit oder Glanz an sich zeigen. Denn bald schlafen die Menschen auf schimpfliche Weise, weil sie in ihrem Fühlen und Handeln ermüdet sind, bald sind sie aufgescheucht und in ehrbarer Weise wach, wie Salomon meiner Überzeugung entsprechend mit seinen Worten unterstreicht:

Zitat Salomons:

»Armut bewirkt hat die lässige Hand, die Hand der Tüchtigen bereitet aber Reichtum.« (Weish 10,4) Das heißt: Schwach und arm macht sich der Mensch, der Gerechtigkeit nicht wirken, Ungerechtigkeit nicht tilgen und Schuld nicht erlassen will, da er sich in seiner Müßigkeit von den wunderbaren Werken der Seligkeit fernhält. Wer aber die stärksten Werke des Heils wirkt, indem er den Weg der Wahrheit beschreitet, erreicht die Quelle der sprudelnden Herrlichkeit, in der er sich die kostbarsten Reichtümer auf Erden und im Himmel bereitet.

Wem immer daher aus dem Heiligen Geist Wissen und aus dem Glauben Flügel zuteil geworden sind, der soll meine Mahnungen nicht übertreten, sondern er soll sie mit seiner Seele kosten und aufnehmen.

ES BEGINNT DIE DREIZEHNTE VISION IM DRITTEN BAND.

Hierauf sah ich gleißende Luft und aus ihr vernahm ich auf wunderbare Weise von zahlreichen Sinnbildern verschiedenartige Klänge in freudigen Lobliedern, angestimmt von den himmlischen Bürgern, die entschlossen und beharrlich auf dem Weg der Wahrheit gegangen waren – und auch in den Klagen derer, die zum Lobgesang auf ebendiese Freuden wiedererweckt worden waren, und in den Ermahnungen der Tugenden, die sich zum Heil der Völker aufforderten und denen die teuflischen Nachstellungen sich widersetzen; aber die Tugenden überwältigen sie, sodass die gläubigen Menschen auf diese Weise durch ihre Reue aus dem Reich der Sünden schließlich in das Himmelreich eingehen können.

Und dieser Schall erklang in solchen Lobliedern wie die Stimme einer Menge von den himmlischen Höhen herab und verkündete das Folgende voller Harmonie:

An die Heilige Maria

»Die schimmernde Perle,
der Sonne heiterer Glanz,
ist als Quell dir eingegossen,
dem Herzen des Vaters entsprungen:
sein einziges Wort, mit dem er
den Urgrund der Welt erschuf,
die Eva ins Dunkel stürzte.

Dieses Wort hat dir der Vater
in Menschengestalt gegeben
und seinetwegen bist du
jener leuchtende Stoff,
durch den das Wort selbst
sämtliche Tugenden ausgehaucht hat,
ebenso wie es im Urstoff
die ganze Schöpfung ins Sein geführt hat.

O du, lieblichster Reis,
du grünst am Stamme Jesse!
O wie groß ist das Wunder:
Die Göttlichkeit schaute
auf ihre schönste Tochter hinab,
wie zur Sonne ein Adler sein Augenmerk lenkt.
Als der göttliche Vater die Herrlichkeit
dieser Jungfrau beschaute,
da wollte sein Wort er
Fleisch werden lassen in ihr.«

Denn als dem Geist dieser Jungfrau in Gottes geheimem Mysterium die Erleuchtung verliehen worden war, ging die herrliche Blüte auf wunderbare Weise aus der Jungfrau selbst hervor.

Und erneut erklang die Stimme:

Die neun Scharen der Himmelsgeister

»O lebendigstes Licht, ruhmreiche Engel
unter der Gottheit, ihr erblickt
in der mystischen Dunkelheit aller Geschöpfe
vor Verlangen brennend die göttlichen Augen
und könnt dessen niemals satt sein:

O welch herrliche Freuden habt ihr in eurer Gestalt,
die unberührt ist von jedwedem Werk des Bösen,
das erstmals entstanden ist durch euren Gefährten,
den verlorenen Engel, der sich aufschwingen wollte
über die Zinne Gottes, im Inneren verborgen.

Deshalb strauchelte er und stürzte nieder im Fall;
aber in den Mitteln seines eigenen Falls
unterwies er mit seinem Ratschlag
das Geschöpf vom Finger Gottes.

Denn o ihr Engel,
Hüter der Völker,
deren Gestalt in eurem Antlitz erstrahlt,
und o ihr Erzengel,
die ihr die gerechten Seelen erhebt,
und o ihr Mächte, Gewalten und Fürsten,
Throne und Herrschaften,
zum Geheimnis der Fünfzahl vereint,
und o ihr Cherubim und ihr Seraphim,
ihr Siegel der Mysterien Gottes:

Lob sei euch,
am Quell erblickt ihr
den Schrein, das Herz von alters her.

Denn ihr seht
des Vaters innerste Kraft,
die aus seinem Herzen weht,
gleichsam sein Antlitz.«

Und wieder erklang die Stimme:

Von den Patriarchen und Propheten

»O ihr gewaltigen Männer,
das Verborgene habt ihr durchdrungen.
Mit den Augen des Geistes schautet ihr
und verkündetet in lichtem Schatten
das gleißende, lebende Licht,
das am einzigen Reis sprosst,
der erblüht ist
vom Einfall des strahlenden Lichts.

Ihr Heiligen früher Zeit,
vorhergesagt habt ihr die Rettung
der verbannten Seelen,
sie waren dem Tod verfallen.
Wie Räder habt ihr den Kreis vollendet,
als ihr des Berges Mysterien
wundersam verkündetet, der den Himmel berührt,
viele Wasser durchdringt und sie weiht.

Da erhob sich unter euch
das strahlende Licht,
ging diesem Berg voran
und verkündete ihn.

O ihr glückseligen Wurzeln,
das Werk der Wunder,
und nicht Sündenwerk,
ist durch den flammenden Weg
des lichtdurchfluteten Schattens
gepflanzt worden mit euch!
Und du, o Rufer, feurige Stimme,
voran gingst du dem glättenden Stein,
der den Schlund der Hölle einreißt.

Freut euch in eurem Haupte!
Freut euch in ihm,
den viele auf Erden
nicht sahen,
die glühend ihn riefen.«

Und erneut erklang die Stimme:

Von den Aposteln

»O Heerschar, Blüte
des dornenlosen Zweigs,
Schall des Weltenrunds,
du gehst in den Ländern derer um,
die rasenden Sinnes mit den Schweinen essen.

Sie hast du besiegt durch den dir eingehauchten Helfer,
der im Tabernakel jenes Werkes wurzelt,
das vom Wort des Vaters erfüllt worden ist.
Du bist des Erlösers preiswürdige Gemeinde,
beschreitest den Weg neuer Geburt
aus dem Wasser des Lamms.
Gewappnet sandte es dich
unter die wildesten Hunde,
die ihren Ruhm mit den Werken
der eigenen Hände zerstörten.
Ihn, den keine Hand schuf,
suchten sie zu unterwerfen
mit ihren Händen, ohne ihn jemals zu fassen.

Du nämlich, o leuchtende Schar der Apostel,
erhebst dich in wahrer Erkenntnis
und reißt das Gefängnis teuflischer Lehren nieder.
Denn im Quell des lebendigen Wassers
wäschst du die Gefangenen rein,
du, das alles überstrahlende Licht
in schwärzester Dunkelheit,
du, aller Pfeiler stärkster, hältst
die Braut des Lammes empor, in all ihrer Zierde,
zu deren Freude die Mutter und Jungfrau
die Bannerträgerin ist.
Denn das unbefleckte Lamm
ist der Bräutigam dieser unbefleckten Braut.«

Erneut erklang die Stimme:

Von den Märtyrern

»O ihr siegreichen Triumphatoren,
mit eurem vergossenen Blut
habt ihr den Bau der Kirche geweiht,
gingt ein in das Blut des Lammes und speist
mit dem hingeschlachteten Kalb.
O wie groß ist euer Lohn,
zu Lebzeiten habt euren Leib ihr verachtet,
denn dem Lamm Gottes seid ihr gefolgt,
als Zierde seiner Qualen,
mit der er euch eingeführt hat
in euer erneuertes Erbe.

Ihr Rosenblüten!
Selig seid ihr
durch eures Blutes Vergießen.
Die größten Freuden
duften und dunsten aus der Freiheit heraus,
die vom innigen Sinn seines Ratschlusses ausging,
der vor der Zeit
bestand,
in ihm,
dessen Ursprung
kein Erschaffen kennt.

Ehre sei eurer Gemeinschaft,
denn ihr seid das Werkzeug der Kirche
und wogt im Blut eurer Wunden.«

Ebenso erscholl die Stimme wiederum:

Von den Bekennern

»O Nachfolger ihr des stärksten Löwen,
zwischen Tempel und Altar
waltet ihr in seinem Dienst,
wie Engel Loblieder singen
und Völkern helfend beistehen.
Zu ihrer Schar zählt ihr,
denn voller Sorgfalt
verrichtet ihr
den Dienst am Lamm.

O Nachfolger ihr des Erhabenen
in prächtigen, ruhmvollen Zeichen!
O wie groß ist eure Ehre,
wo ein Mensch antritt,
in Gott zu lösen und binden
die Trägen und die Pilger,
der Weiße wie Schwarze rüstet
und von schweren Lasten befreit.

Denn in den Scharen der Engel
verrichtet ihr euren Dienst.
Wo die stärksten Fundamente
zu legen sind, wisst ihr im Voraus.
Daher ist groß eure Ehre.«

Und erneut erscholl die Stimme:

Von den Jungfrauen

»O Antlitze voll Schönheit,
den Blick auf Gott gelenkt,
ihr gründet im Morgenrot.
O selige Jungfrauen,
welch Herrlichkeit ihr seid!

Der König schaute sich selbst,
als er in euch
allen himmlischen Glanz
vorgezeichnet hatte.

So seid ihr der ergötzliche Garten,
der den Duft
aller Zierden verbreitet.«

Und wiederum ertönte jener Schall wie die Stimme einer ganzen Menge in den Klagen derer, die zu diesen Höhen berufen worden waren, in eindringlichen Worten voller Harmonie:

Die Stimme voller Harmonie in den Klagen derer, die zu diesen Höhen berufen worden waren

»Dies ist, oje!, die Stimme
der Trauer, des schwersten Schmerzes,
ach, ach!
Ein wunderbarer Sieg erhob sich
in herrlicher Sehnsucht nach Gott,

heimlich verbarg sich dabei
die Freude des Fleisches,
weh, weh,
als der Wille kein Laster kannte,
als das Sehnen des Menschen
den Übermut floh.
Trauere, trauere also darüber, o Unschuld,
denn in redlicher Scham hast du
deine Reinheit nicht verloren
und hast nicht die Gier aus dem Schlund
der ewigen Schlange verschlungen.

O lebendige Quelle, wie lieblich bist du!
Denn das Antlitz derer gabst du nicht in dir auf,
sondern sahst genau die Weise voraus,
wie du sie vor dem Fall jenes Engels bewahrst –
jene, die meinten, besitzen zu können,
was von Grund auf verwehrt ist.

So freue dich, Tochter Zion,
da Gott dir viele zurückgibt,
die dir nehmen wollte die Schlange.
Heller erstrahlt jetzt das Licht dieser Seelen,
als ihr Fall sonst tief gewesen wäre.

Denn das lebendige Licht sagt von ihnen:
Anstoß genommen habe ich
an der gewundenen Schlange
wegen ihrer Verführung,
die nicht so stark war, wie sie meinte.
So habe ich denn bei mir selber geschworen,

bei den Gefallenen immer Herrlicheres zu wirken,
als, Schlange, deine Lust in ihnen hervorbringen würde.
Denn deiner Verführungskunst habe ich genommen,
was sich in deiner Grausamkeit
niemals gefunden hätte,
schändliche Betrügerin.«

Mahnungen der Tugenden und Widerspruch der teuflischen Künste

Ebenso forderte jener Schall die Tugenden zum Beistand der Menschen und zum Widerspruch gegen die feindlichen Künste des Teufels auf. Dabei überwanden die Tugenden die Laster und die Menschen kehrten schließlich durch göttliche Eingebung zur Buße zurück. Und der Schall verkündete folgendes Wechselgespräch wie die Stimme einer Menge voller Harmonie:

DIE TUGENDEN:
Wir Tugenden sind in Gott
und in Gott bleiben wir;
für den König der Könige streitend,
scheiden wir Schlechtes vom Guten.
Im ersten Kampf zeigten wir uns
und gingen siegreich hervor,
gestürzt hingegen ist jener,
der sich überhöhen wollte.
Ebenso streiten wir jetzt für alle,
die von uns Hilfe erbitten,
die Teufelskunst zu zermalmen.

Und die uns nachfolgen möchten,
führen wir vollzählig
in die Gefilde der Seligen.

KLAGE DER SEELEN IM FLEISCH:

Weh uns, wir sind in der Fremde!
Was haben wir nur getan,
zur Sünde vom Weg abgekommen!
Töchter des Königs
sollten wir sein,
doch wir fielen
in den Schatten der Sünde.
O lebendige Sonne,
trage uns auf deinen Schultern
zur wahren Erbschaft empor,
die wir in Adam verloren.
O König der Könige,
wir kämpfen in deiner Schlacht.

ANRUFUNG SEITENS DER GLÄUBIGEN SEELE:

O liebliche Gottheit
und o liebliches Leben –
in dir hoffe ich, das Glanzgewand zu tragen,
wenn ich empfange, was ich einst
beim ersten Erscheinen vertat.
Ich entbrenne und rufe
für dich alle Tugenden an.

ANTWORT DER TUGENDEN:

O glückliche Seele
und o liebliches Gottesgeschöpf,

auf der erhabenen Tiefe
der Weisheit Gottes bist du errichtet
und trägst große Liebe.

DIE GLÄUBIGE SEELE:
O wie gerne käme ich zu euch,
damit ihr mir
den Kuss des Herzens gewährt.

DIE TUGENDEN:
An deiner Seite müssen wir streiten,
o königliche Tochter.

DIE BEDRÜCKTE SEELE ABER KLAGT:
O drückende Arbeit und o schwere Last,
die ich im Gewand dieses Lebens trage!
Allzu mühselig ist es, gegen das Fleisch zu kämpfen.

DIE TUGENDEN:
O Seele, im Willen Gottes geschaffen,
und o seliges Werkzeug,
warum bist du dem gegenüber schwach,
was Gott schon vernichtet hat in jungfräulicher Natur?
Überwinden sollst du den Teufel durch uns.

DIE SEELE:
Eilt mir zu Hilfe, steht mir bei,
damit ich standhaft sein kann.

DIE KUNDE GOTTES SPRICHT ZUR SEELE:

Sieh, was das ist,
worin du gewandet bist, Tochter der Erlösung.
Standhaft sollst du sein
und du wirst niemals fallen.

DIE SEELE:

O, ich weiß nicht,
was ich tun oder wohin ich flüchten soll;
o weh mir, ich fülle nicht aus,
worin ich gewandet bin.
Ja, ablegen will ich dies Kleid.

DIE TUGENDEN:

O unglückliches Gewissen,
o arme Seele,
warum verbirgst du
dein Antlitz vor deinem Schöpfer?

DIE KUNDE GOTTES ZUR SEELE:

Weder kennst du
noch erblickst du
noch verstehst du
ihn, der dich schuf.

DIE SEELE:

Gott hat die Welt erschaffen,
ich tue ihm kein Unrecht,
sondern will sie genießen.

DER TEUFEL FLÜSTERT DER SEELE EIN:

Närrin, Närrin,
was nutzt dir deine Mühe?
Richte den Blick auf die Welt,
und mit großen Ehren wird sie dich umfangen.

DIE TUGENDEN:

Weh, weh,
wir, die Tugenden, wollen jammern und klagen,
weil ein Schäflein des Herrn vor dem Leben flüchtet.

DIE DEMUT:

Ich, die Demut,
der Tugenden Königin, sage:
›Kommt zu mir, all ihr Tugenden,
und ich werde euch aufrichten,
um die vertane Drachme zu suchen
und die fruchtbare in ihrer Standhaftigkeit zu krönen.‹

ANTWORT DER TUGENDEN:

O ruhmreiche Königin
und o süßeste Mittlerin,
gerne kommen wir.

DIE DEMUT:

Deshalb, liebste Töchter,
lasse ich euch im Haus des Königs wohnen.
O Töchter Israels,
Gott hat euch erweckt unter einem Baum,
also erinnert euch seines Gartens in diesen Zeiten.
Freut euch daher, Töchter Zion.

TOSEN DES TEUFELS ZUR DEMUT UND DEN ANDEREN TUGENDEN:

Welche Macht liegt darin,
dass es neben Gott niemanden gibt?
Ich sage dagegen:
›Wer mir und seinem eigenen Willen zu folgen bereit ist,
dem werde ich alles geben.‹
Doch du mit deinen Anhängerinnen
hast nichts, was du geben könntest,
weil auch ihr allesamt
nicht wisst, was ihr seid.

DIE DEMUT ANTWORTET:

Mit meinen Gefährtinnen weiß ich genau,
dass du die Schlange von alters her bist,
die sich aufschwingen wollte über den Höchsten,
doch Gott selbst stieß dich nieder
in den Schlund der Hölle.

DIE TUGENDEN:

Wir aber, allesamt, wohnen in der Höhe.

KLAGELIED DER ERWÄHNTEN SEELE, DIE IM LEIB REUE EMPFINDET UND DIE TUGENDEN ANRUFT:

O ihr Tugenden, königliche,
wie prächtig seid ihr und strahlt
von der Sonne in ihrem Zenit
und wie lieblich ist eure Behausung.
Also weh mir!, dass ich vor euch fliehe.

DIE TUGENDEN:
Komm, o Flüchtling, komm zu uns,
und Gott wird dich aufnehmen.

DIE REUIGE SEELE IM LEIB:
Ach, ach, heiße Süße hat mich in den Sünden verzehrt,
also habe ich nicht einzutreten gewagt.

DIE TUGENDEN:
Nun fürchte dich weder noch flüchte,
denn in dir sucht der gute Hirte sein verlorenes Schaf.

DIE REUIGE SEELE IM LEIB:
Jetzt tut es mir Not, dass ihr mich aufnehmt,
denn an mir stinken die Wunden,
mit denen die ewige Schlange mich gezeichnet hat.

DIE TUGENDEN:
Eile zu uns, folge den Spuren,
auf denen niemals du strauchelst,
zu unserer Gemeinschaft,
und Gott lässt dich gesunden.

DIE REUIGE SEELE IM LEIB:
Als Sünderin, die das Leben floh,
will ich zu euch kommen, von Wundmalen voll,
auf dass ihr mir darreicht den Schild der Erlösung.

DIE TUGENDEN:
O Seele, die du jetzt fliehst,
fortan sei stark
und lege die Waffen des Lichts an.

DIE REUIGE SEELE IM LEIB:
O du, der Königin ganzes Heer,
o ihr strahlenden Lilien
mit rosenrotem Purpur!
Beugt euch zu mir,
denn fern war ich euch,
in die Fremde verbannt.
Steht mir bei, mich im Blut des Gottessohns zu erheben.
O Demut, einzige Heilung,
gewähre mir Beistand,
denn mich brach mein Hochmut in vielen Lastern
und fügte mir zahlreiche Narben zu.
Jetzt fliehe ich zu dir:
Darum – nimm mich auf!

DIE DEMUT ZU DEN TUGENDEN:
O ihr Tugenden allesamt,
nehmt den trauernden Sünder mit seinen Narben auf –
um Christi Wunden willen! –
und führt ihn her zu mir.

DIE TUGENDEN ZUR REUIGEN SEELE IM LEIB:
Wir wollen dich heimführen
und lassen dich nicht im Stich,
und alle himmlischen Heere freuen sich über dich;
daher wollen wir nun in Harmonie erschallen.

NUN DIE DEMUT ZUR REUIGEN SEELE:

O arme Tochter, ich will dich umarmen,
denn deinetwegen erlitt unser Heiland
schwere und bittere Wunden.

NUN GIBT DER TEUFEL DER REUIGEN SEELE EIN:

Wer bist du, woher kommst du?
Du hast mich umarmt
und ich habe dich in die Welt geführt!
Jetzt aber entsetzt mich deine Umkehr
und im Kampf will ich dich niederstrecken.

DIE REUIGE SEELE ENTGEGNET DEM TEUFEL:

Erkannt habe ich: Unheil sind deine Wege.
Daher bin ich vor dir geflohen,
doch bald schon, Betrüger,
kämpfe ich gegen dich.

DIE REUIGE SEELE ZUR DEMUT:

Hilf du mir, o Königin Demut,
mit deinem Heilmittel.

DIE DEMUT ZUM SIEG UND DEN ANDEREN TUGENDEN:

O Sieg! Den da hast du im Himmel bezwungen,
eile herbei mit deinen Gefährten
und fesselt den Teufel, alle gemeinsam.

DER SIEG ZU DEN TUGENDEN:

O Soldatinnen, tapfere, ruhmreiche!
Kommt her und helft, den Lügner bezwingen.

DIE TUGENDEN ZUM SIEG:
O herrliche Soldatin
im lodernden Quell,
der den gierigen Wolf verschlang!
O ruhmreich Gekrönte,
bereitwillig streiten wir gemeinsam mit dir
gegen diesen Betrüger.

DIE DEMUT ZU DEN TUGENDEN:
Den dort fesselt also,
o ihr herrlichen Tugenden!

DIE TUGENDEN:
O unsere Königin,
dir werden wir gehorchen
und jede deiner Weisungen
werden wir erfüllen.

DER SIEG:
O freut euch, Gefährtinnen,
denn in Fesseln liegt
die Schlange von alters her.

DIE TUGENDEN:
Lob sei dir Christus, König der Engel!
Gott, wer bist du,
der du in dir den gewaltigen Ratschluss gefasst hast,
der bei den Zöllnern und Sündern
den höllischen Trank
wirkungslos machte,
sodass sie jetzt in himmlischer Güte erstrahlen!
Darum sei Lob dir, o König!

O allmächtiger Vater,
in feuriger Glut ergoss sich die Quelle aus dir.
Lenke deine Söhne
auf den Gewässern
in rechten Segelwind,
sodass wir sie führen können
ins himmlische Jerusalem.

Und diese Stimmen erschollen wie die Stimme einer Menge, wenn diese ihre Stimme in die Höhe erhebt. Und der Schall, der von ihnen ausging, hat mich so durchdrungen, dass ich alles sogleich ohne Schwierigkeit verstand.

Und aus derselben lichten Luft hörte ich wiederum eine Stimme zu mir sprechen:

Gott ist wegen seiner unsagbaren Gnaden mit Herz und Mund unablässig zu loben.

»Unablässig sind dem himmlischen Schöpfer Loblieder darzubringen, mit der Stimme des Herzens und der Stimme des Mundes. Denn er nimmt in seiner Gnade nicht nur die Aufrechten und Geraden, sondern auch die Gestrauchelten und Gekrümmten in den himmlischen Wohnstätten auf.

Du sieht also, o Mensch, wie die *gleißende Luft* den Freudenglanz der himmlischen Bürger beschreibt, aus dem du *von zahlreichen Sinnbildern auf wundersame Weise unterschiedliche Klänge in freudigen Lobliedern hörst, angestimmt von den himmlischen Bürgern, die ent-*

schlossen und beharrlich auf dem Weg der Wahrheit gegangen sind – und auch in den Klagen derer, die zum Lobgesang auf ebendiese Freuden wiedererweckt worden sind: Denn wie die Luft das unter dem Himmel Befindliche umfängt und erhält, ebenso lieblich und anmutig preist diese freudige Symphonie – wie du sie von all diesen himmlischen Wundererscheinungen vernommen hast – die Herrlichkeit der Auserwählten, welche die himmlische Stadt bewohnen und erfüllt von lieblicher Demut in Gott ihr Dasein haben.

Und in ihren Klagen besingt sie, wie jene gebeugt werden, die die ewige Schlange zu verderben versucht. Doch standhaft führt die göttliche Tugend diese Menschen in die Gemeinschaft der heiligen Freuden, indem sie in ihnen jene Geheimnisse bekanntmacht, die den zur Erde gekrümmten Menschengemütern unbekannt sind; *das geschieht auch durch die Mahnungen der Tugenden, die sich zum Heil der Völker auffordern und denen die teuflischen Nachstellungen sich widersetzen; aber ebendiese Tugenden überwältigen sie, sodass die gläubigen Menschen auf diese Weise durch die Reue aus dem Reich der Sünden schließlich doch in den Himmel gelangen.* Denn die Tugenden widersetzen sich den Lastern in den Seelen der Gläubigen, um diejenigen zu erlösen, die durch den teuflischen Hauch geschwächt worden sind. Aber sobald die Laster durch größte Tapferkeit überwunden sind, werden die Menschen, die der Sünde verfallen waren, nach göttlichem Willen zur Buße umkehren, wenn sie ihre vorherigen Taten gründlich bedenken, diese beklagen und sich vor weiteren solchen Werken wohlüberlegt hüten.

Die Symphonie muss einmütig und in Eintracht erklingen.

Und deswegen *erklingt jener Schall in den Lobliedern wie die Stimme einer Menge von den himmlischen Höhen herab:* weil die Symphonie einmütig und in Eintracht den Ruhm und die Ehre der himmlischen Bürger immer wieder verkündet, sodass sie selber das in den Himmel emporträgt, was das Wort offenbart.

Das Wort bezeichnet den Leib, und zwar den Sohn in Menschengestalt, die Symphonie den Geist, die Harmonie aber die Gottheit.

Und so bezeichnet das Wort den Leib, die Symphonie aber versinnbildlicht den Geist; die himmlische Harmonie verkündet die Gottheit und das Wort offenbart sich in der Menschengestalt des Sohnes Gottes.

Die Symphonie der Vernunft treibt eine träge Seele zur Wachsamkeit an.

Und wie die Macht Gottes über allem schwebt, alles umkreist und ihr keinerlei Widerstand trotzen kann, so besitzt auch die menschliche Vernunft eine große Gewalt: nämlich in lebendigen Stimmen zu erklingen und in deren Symphonie träge Seelen zur Wachsamkeit anzuhalten.

Das belegt auch David in seinen symphonischen Prophezeiungen und Jeremia zeigt es in seinem mit Jammerstimme gehaltenen Klagelied.

So hörst auch du, o Mensch, der du nur eine arme und gebrechliche Natur bist, in der Symphonie der Klänge davon, wie die jungfräuliche Scham, umarmt von den Worten des blühenden Reises, lodernd entbrannt ist; du vernimmst den Klang vom Gleißen der lebenden Lichter, die in der himmlischen Stadt erstrahlen, und den Schall der Prophezeiung in tiefgründigen Gesprächen, auch die Lieder darüber, wie die Apostel mit wunderbaren Worten über die Erde auszogen; du wirst des Widerhalls vom vergossenen Blut derer gewahr, die sich gläubig hingegeben haben, und dir kommen die herrlichen Töne vom Dienst in den priesterlichen Mysterien zu Ohren und es erklingt die Jungfräulichkeit derer, die in himmlischem Grün erblühen:

Denn durch den Beistand des himmlischen Schöpfers jubelt und freut sich sein Geschöpf im Glauben wieder und wieder und sagt ihm stets aufs Neue Dank.

Aber als *harmonische Stimme einer ganzen Menge erschallen auch die vernehmlichen Klagen derer, die zum Lobgesang auf ebendiese Freuden wiedererweckt worden sind:* Denn die freudige Symphonie ertönt nicht nur im einmütigen Jubel derer, die unbeirrt auf dem Weg der Rechtschaffenheit gewandelt sind, sondern jauchzt auch in der Eintracht derer, die vom Weg der Gerechtigkeit abgekommen waren, aber aufgeweckt und schließlich zur wahren Seligkeit erhoben worden sind. Denn auch der gute Hirte hat ja das Schaf, das sich verirrt hatte, mit Freuden zur Herde zurückgetragen.

Ebenso hörst du gleichsam die harmonische Stimme einer Menge in den Ermahnungen der Tugenden erschallen, die sich zum Heil der Menschen auffordern und denen die teuflischen Nachstellungen sich widersetzen; aber die Tugenden überwältigen die Laster, sodass die Menschen schließlich durch göttliche Eingebung zur Reue umkehren: Denn die Umarmung der Tugenden ist süß und zieht die gläubigen Menschen zur wahren Glückseligkeit hin, verderblich aber ist die Menge der Laster, die von den teuflischen Täuschungen ausgehen, allerdings nicht so sehr, dass die Tugenden die Laster nicht überwinden würden; ja sie zermalmen diese sogar gänzlich. Und einmütig führen sie, unterstützt durch machtvolle himmlische Hilfe, die Gläubigen mittels der wahren Reue zur ewigen Vergeltung, wie es dir auch ihre harmonischen Stimmen verkünden.

Die Symphonie erweicht harte Herzen, flößt Erschütterung ein und ruft den Heiligen Geist an.

Die Symphonie erweicht auch die harten Herzen, sie flößt ihnen Erschütterung ein und ruft den Heiligen Geist an. Daher *klingen auch diese Stimmen, die du hörst, wie die Stimme einer Menge, wenn diese ihre Stimme immer stärker erhebt.* Denn die jubilierenden Loblieder – vorgetragen in der Schlichtheit von Einmütigkeit und Liebe – führen die Gläubigen zu jener Eintracht hin, in der keinerlei Zwietracht mehr Bestand hat, da die Lieder die Menschen auf Erden sowohl mit dem Mund als auch im Herzen nach der himmlischen Vergeltung schmachten lassen.

Und ihr Klang hat dich so durchdrungen, dass du sie sofort ohne jede Schwierigkeit verstehen konntest. Denn die göttliche Gnade lichtet dort, wo sie gewirkt hat, jeden Schatten der Finsternis und wirkt jene reinen und leuchtenden Dinge, die den Sinnen des Fleisches aufgrund der Schwachheit des Körpers verborgen bleiben.

Ein Gläubiger soll mit aller Hingabe und unablässig frohlocken.

Deswegen: Jeder, der Gott gläubig erkennt, bietet ihm unermüdlich herrliche Loblieder dar und jubelt ihm unablässig mit frommer Hingabe. So singt auch David, mein Knecht, von mir mit diesen mahnenden Worten, durchweht vom Geist aus der Tiefe und aus der Höhe:

Worte Davids

»Lobt ihn mit dem Schall der Hörner; lobt ihn mit Psalter und Laute;

Lobt ihn mit Pauken und Tanz; lobt ihn mit Zither und Harfe;

Lobt ihn mit schön erklingenden Zimbeln; lobt in mit jubelnden Zimbeln.

Alles, was atmet, lobe den Herrn.«

So heißt es dort (Ps 150,3–6).

Ihr, die ihr Gott mit schlichter Absicht und reiner Hingabe erkennt, anbetet und liebt, sollt ihn mit dem Schall der Hörner loben, das heißt mit verständigem

Sinn. Denn als der Engel gefallen ist und mit seinen Mitverschwörern ins Verderben stürzte, verharrten die Scharen der seligen Geister verständig in der Wahrheit und hingen Gott in gläubiger Hingabe an.

Und ihr sollt ihn mit dem Psalter tiefer Hingabe und der Laute anmutig fließenden Klanges loben. Denn wenn das Horn erschallt, ertönt auch der Psalter, und wenn der Psalter erklingt, setzt auch die Laute ein: So haben sich, nachdem die seligen Engel in der Liebe zur Wahrheit verharrt waren und später der Mensch erschaffen worden war, auch die Propheten mit wunderbarer Stimme erhoben, und ihnen sind die Apostel mit den anmutigsten Worten nachgefolgt.

Und ihr sollt ihn mit Pauken des Totenganges und mit dem Jubeltanz der Auferstehung preisen. Denn nach der Laute frohlockt die Pauke, nach der Pauke jauchzt der Tanz: So haben sich auch die wahrhaft Gelehrten, nachdem die Apostel die Worte des Heils verkündet und die Märtyrer dann zu Ehren Gottes mit ihren Leibern verschiedenste Todesarten erlitten hatten, im priesterlichen Amt erhoben.

Und ihr sollt den Herrn mit der Zither des erlösten Menschen und mit der Harfe des göttlichen Schutzes loben. Denn wenn der Jubeltanz beginnt, setzen auch die Klänge von Zither und Harfe ein: Als die wahrhaft Gelehrten in ihrem seligen Amt die Wahrheit verkündeten, sind auch die Jungfrauen aufgetreten, die den Sohn Gottes, den wahren Menschen, wie mit Zitherspiel geliebt und den wahren Gott wie mit Harfenklängen angebetet haben, denn sie glaubten, dass er wahrer Mensch und wahrer Gott ist. Was bedeutet das? Dass der Sohn Gottes, als er zum Heil der Menschen fleischliche Gestalt annahm, die Herrlichkeit seiner göttlichen Natur nicht abgelegt hat. Und die seligen Jungfrauen, die ihn sich zum Bräutigam erwählen – in ihrer Verlobung den wahren Menschen und in ihrer Keuschheit den wahren Gott –, reichen ihm daher ihre Hand mit gläubiger Demut.

Aber ihr sollt den Herrn auch mit den schön klingenden Zimbeln loben, nämlich mit den Bekenntnissen, die aus wahrer Freude lieblichen Klang ertönen lassen: wenn die Menschen im Abgrund der Sünde liegen und sich, von göttlichem Hauch aufgerüttelt, aus der Tiefe empor zur himmlischen Höhe erheben.

Und ihr sollt ihn mit jubelnden Zimbeln loben, indem ihr Gott in zahllosen Lobliedern bezeugt, wodurch die mächtigen Tugenden den eindrucksvollsten Sieg erringen, da sie die Laster unterdrücken und diejenigen Menschen ans Ziel führen, die in starkem Verlangen nach der Seligkeit wahrer Vergeltung standhaft auf der Seite des Guten verharrt sind.

Daher soll jede Seele, die guten Willens an Gott glaubt und ihn verehrt, den Herrn loben, ihn, der Herr über alles ist. Denn es ist recht, dass jemand, der sich nach dem Leben sehnt, ihn verehrt, der das Leben ist.

Und wiederum hörte ich die Stimme aus der lichten Luft sprechen: »Lob sei dir, o höchster König, denn all dieses wirkst du für einen einfachen und ungebildeten Menschen.«

Und nochmals erscholl die Stimme mit unfassbarer Lautstärke aus dem Himmel und sprach: »Hört und merkt alle auf, die ihr euch danach sehnt, euren Lohn und die Seligkeit im Himmel zu erlangen. O ihr Menschen, die ihr mit euren gläubigen Herzen auf die himmlische Vergeltung wartet, nehmt diese Botschaften mitten in euer Herz auf und weist diese Ermahnung, die zu euch dringt, nicht ab. Denn ich bin der Verkünder der Wahrheit. Ich, der lebendige und wahrhaftige Gott, spreche und schweige nicht, wieder und wieder sage ich: Wer wollte mächtiger sein als ich? Wer es versuchen sollte, den stürze ich in die Tiefe. Daher soll der Mensch nicht nach dem Berg greifen, den er nicht wird bewegen können, sondern er bleibe im Tal der Demut. Und wo wird mein Tabernakel sein? Mein Tabernakel ist dort, wo der Heilige Geist seine Erquickung vergießt.

Was bedeutet das? Ich bin in der Mitte. In welcher Weise? Wer auch immer mich in rechter Weise erfasst, der wird weder in die Höhe noch zur Seite noch in die Tiefe fallen.

Was bedeutet das? Dass ich jene Liebe bin, die auch von eiferndem Hochmut nicht niedergeschlagen wird, die selbst tiefe Stürze nicht zerschellen lassen und die auch die Übel in ihrer Fülle nicht aufreiben können. Kann ich etwa nicht in der Höhe bauen, wo die Sonne mein Schemel ist?

Die Starken, die ihre Stärke in den Tälern zeigen, verachten mich. Die Dummen verwerfen mich im Getöse ihres aufbrausenden Geistes. Die Klugen lehnen es ab, von meiner Speise zu kosten, und jeder Beliebige baut sich nach seinem Willen einen eigenen Turm. Aber solche werde ich durch einen kleinen und niedrigen Menschen vernichten, so wie ich Goliath durch einen Jungen niedergeschmettert und so wie ich Holofernes durch Judith bezwungen habe.

Wer immer die mystischen Worte dieses Buches verschmäht, über den werde ich daher meinen Bogen spannen und ihn mit den Pfeilen meines Köchers durchbohren, ich werde ihm die Krone von seinem Haupt stoßen und ihn jenen gleichmachen, die am Horeb umgekommen sind, als sie gegen mich murrten. Und jedweden, der seine Schmähreden gegen diese Prophezeiung vorbringen sollte, wird jene Verfluchung treffen, die Isaak vorgebracht hat.

Aber vom Segen des himmlischen Taus wird erfüllt, wer meine Verkündigung mit offenen Armen aufnimmt, wer sie in seinem Herzen verwahrt und sie auf breiten Plätzen verkündet. Und wer von ihr gekostet hat und sie in seinem Gedächtnis bewahrt, der soll zu einem Berg aus Myrrhe, Thymian und allen übrigen Gewürzen werden und er wird in der Fülle zahlloser Segen ebenso wie Abraham von Segnung zu Segnung emporsteigen. Und die neue Braut, die Braut des Lammes, soll sich im Anblick Gottes mit ihm, diesem Stützpfeiler, verbinden. Und der Schatten der Hand des Herrn wird ihn schützen.

Aber wenn jemand diese Worte, die aus der Hand Gottes stammen, unüberlegt verbergen sollte, wenn er sie in seinem Wahnsinn vermindern oder aufgrund irgendeiner menschlichen Überlegung an einen fernen Ort tragen und auf diese Weise verspotten sollte, dann wird derjenige verdammt sein. Und die Hand Gottes wird ihn zermalmen.

Lobt, ihr glückseligen Herzen, lobt also Gott für all diese Wunder: Vollbracht hat der Herr sie in dem schwachen Wesen, jenem Abbild des Erhabenen, das er bereits vorhergesehen hatte, als erstmals die Rippe jenes Mannes zum Vorschein kam, den er selbst erschuf.

Wer aber in seinem Geist aufmerksam und scharfsinnig ist, der soll sich in lodernder Liebe nach diesen Worten, meinem Spiegel, sehnen und sie in das Gewissen seiner Seele schreiben. Amen.«

SYMPHONIA:

GEISTLICHE GESÄNGE

O VATER ALLER

O Vater aller,
König und Lenker der Völker,
du hast uns erschaffen mit der Rippe der ersten Mutter.
Den tiefen Fall voller Leiden hat sie uns aufgeladen,
und in eigener Schuld folgten wir ihr ins Exil,
ihrer Pein zugesellt haben wir uns.

O du, herrlicher Schöpfer,
in tiefster Ergebenheit eilen wir zu dir;
und in lieber
und in süßer Reue,
die uns durch dich zuteil geworden ist,
sehnen wir uns nach dir,
und nach unserem Schmerz
umarmen wir demütigst dich.

O ruhmreicher,
o schönster Christus,
Auferstehung des Lebens,
deinetwegen meiden wir
den fruchtbaren Schoß der Ehe,
in himmlischer Liebe umarmen wir dich
im jungfräulichen Pfropfreis deiner Wesensart.
In anderer Art sind mit dir wir vereint,
als wir zuvor es, dem Fleisch gemäß, waren.

Stehe uns bei, zu verharren
und mit dir zu frohlocken
und von dir nie getrennt zu werden.

O EWIGE KRAFT

O ewige Kraft,
alles hast du in deinem Herzen geordnet,
alles ist erschaffen durch dein Wort,
wie du es gewollt hast.
Und dein Wort
ist selber Fleisch geworden
in der Gestalt, die mit Adam erstand.

Und so ist diese Hülle
vom übermächtigen Leid
rein gewaschen worden.

O so groß die Güte unseres Heilands!
Mensch durch göttlichen Hauch,
frei von der Fessel der Sünde,
hat er die Welt erlöst.

Und so ist diese Hülle
vom übermächtigen Leid
rein gewaschen worden.

Ehre sei dem Vater und dem Sohn
und dem Heiligen Geist.

Und so ist diese Hülle
vom übermächtigen Leid
rein gewaschen worden.

O UNSERER SEELEN HIRTE

O unserer Seelen Hirte!,
und: o erste Stimme,
in der wir alle erschaffen sind!
Mögest du,
mögest du heute gewogen sein,
gnädig uns zu befreien
von unserer Krankheit und Leid.

O SÜSSESTE LIEBE

O süßeste Liebe,
süßeste Umarmung,
hilf uns zu behüten
unsere Jungfräulichkeit.

Uns, aus Staub erstanden,
ach, ach, in Adams Sünde,
fällt so schwer der Widerstand
gegen des Apfels Verlockung.
Richte uns auf, Christus, Erlöser.

Wir sehnen uns glühend, dir nachzufolgen,
doch, o!, wie schwer fällt es uns Armseligen,
dir makellosem, von Schuld unbeflecktem
König der Engel nahe zu kommen.

Wir legen unser Vertrauen in dich,
denn in deiner Fürsorge
suchst du die Perle im Moder.

Heute rufen wir zu dir,
Bräutigam und Trost,
denn du hast am Kreuz uns erlöst.

Durch dein Blut
sind wir eins mit dir,
denn im Heiratsversprechen
verschmähen wir den Mann
und wählen dich,
den Sohn Gottes.

Reizendste Schönheit,
süßester Duft
sehnsüchtiger Hoffnung!
Fortwährend schmachten wir nach dir
in kläglicher Verbannung.
Wann können wir dich sehen
und bei dir verweilen?

In der Welt sind wir,
du in unserem Sinn,
im Herzen umarmen wir dich,
so als seist du zugegen.

Du hast, stärkster Löwe,
den Himmel geöffnet
und dich ins Haus der Jungfrau gesenkt.

Vernichtet hast du den Tod,
aber das Leben errichtet
in der goldenen Stadt.

Schenke uns, dort zu verweilen
in der Gemeinschaft mit dir,
o geliebter Verlobter.
Denn durch dich sind wir
dem Rachen des Teufels entrissen,
der unsere Eltern im Anfang verführt hat.

LIEBE WALLT ÜBER

Liebe
wallt über alles,
steigt aus unterster Tiefe empor,
bis weit jenseits der Sterne,
liebt alles
in Vollendung,
denn dem höchsten König
gab sie den Friedenskuss.

O WORT VOM VATER HER

O Wort vom Vater her,
Licht, du, erster Morgenröte,
im kreisenden Rad ruhst du,
wirkst alles in göttlicher Macht.

O du, Vorauswissen Gottes,
sahst all deine Werke vorher,
ganz wie du sie gewollt hast,
wie sie verborgen lagen
inmitten deiner Macht,
denn alles hast du im Voraus gewusst.

Und dein Wirken entsprach
gleichsam einem Rad,
das alles umläuft,
keinen Anfang nahm
und kein Ende kennt.

HEILIGER GEIST

Heiliger Geist,
Leben, das lebendig macht,
alles bewegst du,
bist die Wurzel jedes Geschöpfes.
Alle Unreinheit hast du getilgt,
rein gewaschen die Sünde,
die Wunden gesalbt.
Und so bist du das herrlich leuchtende Leben,
der du alles erweckst und wieder auferweckst.

O MACHT

O Macht,
in keinem Ratschluss verborgen,
von niemandem erschaffen,
von niemandem gezeugt,
dauert sie fort in sich selbst.

O Leben,
im Morgenrot erstanden,
da der Großkönig die Weisheit –
in alter Zeit besaß
der Mann sie voll Einsicht –
erscheinen ließ aus Erbarmen,
hatte doch das Weib die Pforte des alten Verderbers
zum Tode hin betreten.

O Trauer! Ach, Kummer! Weh, Jammer!
Auf dem Weib seid ihr erbaut!

O Morgenröte, du hast sie fortgeschwemmt
in der ersten Rippe Gestalt!

O weibliches Wesen, Schwester der Weisheit,
wie groß ist dein Ruhm,
hat sich doch das stärkste Leben
aus dir erhoben,
das nie der Tod auslöscht.

Aufgerichtet hat dich die Weisheit,
alle Geschöpfe sind durch dich
edler geziert als im Anfang.

LOB DER DREIFALTIGKEIT

Lob sei der Dreifaltigkeit,
Klang und Leben ist sie
und Schöpferin aller,
die darin leben.
Der Engelsschar Lobgesang,
der Mysterien Wunderglanz,
den Menschen unbekannt
ist sie
und in allen das Leben.

O WIE KOSTBAR

O wie kostbar ist die Unberührtheit
dieser Jungfrau!
Sie hielt die Pforte verschlossen
und ihren Mutterleib
erfüllte
das Feuer göttlicher Heiligkeit,
ließ in ihr die Blüte wachsen.

Und in diesem Mysterium
ging gleich der Morgenröte
Gottes Sohn hervor.

So hat der geliebte Spross,
hat ihr Sohn uns
durch den verschlossenen Leib
das Paradies eröffnet.

Und in diesem Mysterium
ging gleich der Morgenröte
Gottes Sohn hervor.

O GRÜNENDER REIS

Gegrüßet seist du, o grünender Reis!
Im stürmischen Wehen
heiliger Hoffnung
gingst du hervor.

Als die Zeit gekommen war,
dass deine Zweige erblühten –
gegrüßet, gegrüßet seist du! –,
träufelte dir die Sonnenglut
Duft wie von Balsam ein!

An dir erblühte die herrliche Knospe,
die allen Gewürzen, so kraftlos!,
ihren Duft verlieh.

Und diese sprossen allesamt
im vollen, kräftigen Grün.

Dann schenkten die Himmel dem Gras ihren Tau
und Fruchtbarkeit legte sich über die Erde,
da nun ihr Schoß das Getreide gebar
und die Vögel des Himmels Nester bauten auf ihr.

So wurde auch den Menschen ihre Speise zuteil,
zur großen Freude derer,
die sich am Festmahl laben.
O liebliche Jungfrau, du kennst
keinen Mangel an Freude.

All das hat Eva verschmäht.
Doch jetzt sei Lob dem Höchsten.

O REIS, UNSERE MITTLERIN

Halleluja,
o Reis, unsere Mittlerin,
die heilige Frucht deines Leibes
hat den Tod bezwungen!
Und dein Mutterleib
erleuchtet alle Geschöpfe
in der schönsten Zier,
die aus der lieblichen Reinheit
deiner unberührten
Scham entsprungen ist.

O WIE GROSS DAS WUNDER

O wie groß ist dieses Wunder!
In den Leib seines untertänigen Weibes
fuhr unser König herab.
Dies hat Gott gewirkt,
da die Demut alles überragt.

Und welche Seligkeit
in ihrem Leib!
Denn das Unheil,
vom Weibe ausgegossen,
wusch die Jungfrau schließlich fort
und verströmte
den süßesten Duft aller Tugend –
eine größere Zierde des Himmels,
als jene der Erde Verderben war.

O SPIEGEL DER TAUBE

O Spiegel der Taube
reinster Schönheit,
du hast das Geheimnis der Gnade
im reinsten Quell erblickt.

O Blüte in wunderbarer Kraft,
niemals bist welk du
danieder gesunken,
denn der Höchste hat als Sämann dich gepflanzt.

O süßeste Ruhe
in der Umarmung der Sonne.
Du, du bist der Sohn des Lammes,
auserkoren zur Freundschaft
dieses neuen Sprosses.

O HERRLICHES GRÜN

O herrliches Grün!
In der Sonne wurzelst,
in heller Heiterkeit strahlst du
im Rad, ganz unerreichbar
für irdische Vollendung.

Du bist geborgen
in der Umarmung
göttlicher Mysterien.

Du, du prangst wie die Morgenröte,
loderst der Flamme der Sonne gleich.

Du bist geborgen
in der Umarmung
göttlicher Mysterien.

OFFEN STEHT UNS NUN

Offen steht uns nun
das Tor, zuvor verschlossen,
da Eva ja im Anfang
am Schlangenwort erstickte.
Daher erstrahlt im Frührot
die Blüte der Jungfrau Maria.

TRIEFENDE HONIGWABE

Einer triefenden Honigwabe
gleicht Jungfrau Ursula
in ihrem Sehnen,
Gottes Lamm zu umfangen,
Milch und Honig auf ihrer Zunge.

Denn einen prangenden Obstgarten
und die Blüten aller Blüten
versammelt sie um sich
in der Jungfrauen Schar.

In herrlichster Morgenröte
frohlocke also, Tochter Zion.

Denn einen prangenden Obstgarten
und die Blüten aller Blüten
versammelt sie um sich
in der Jungfrauen Schar.

Ehre sei dem Vater und dem Sohn
und dem Heiligen Geist.

Denn einen prangenden Obstgarten
und die Blüten aller Blüten
versammelt sie um sich
in der Jungfrauen Schar.

O GLÜCKLICHE SEELE

O glückliche Seele!
Dein Leib ist aus Erde entstanden,
du aber bist als Pilger
durch die Welt gegangen
und hast ihn mit Füßen getreten.

Daher hat dich die göttliche Weisheit,
deren Spiegel du wurdest,
gekrönt.

Und der Heilige Geist
erkor dich
zu seiner Wohnstatt.

Daher hat dich die göttliche Weisheit,
deren Spiegel du wurdest,
gekrönt.

Ehre sei dem Vater und dem Sohn
und dem Heiligen Geist.

Daher hat dich die göttliche Weisheit,
deren Spiegel du wurdest,
gekrönt.

O JERUSALEM

O goldene Stadt Jerusalem,
im Purpur des Königs gewandet!

O Bauwerk höchster Herrlichkeit,
Licht, das niemals verdunkelt!

Dich schmücken ja das Morgenrot
und der Sonne Glühen.

Du, selige Kindheit,
schimmerst im Sonnenaufgang
und du, Jugend, preisenswerte,
prangst im Tageslicht.

Denn, edler Rupert, in beiden
erstrahltest du wie eine Perle.
So kannst du unter Narren
nicht verborgen bleiben,
wie auch ein Berg nicht verdeckt wird vom Tal.

Deine Fenster, Jerusalem,
sind mit Saphir und Topas
ohne Gleichen geschmückt.

In ihrem Schein, o Rupert,
kannst inmitten matter Sitten
du verborgen nicht bleiben,
genau wie dem Tal kein Berg,
der von Rosen, Lilien, Purpur umkränzt
in seiner Pracht erstrahlt.

O zarte Blüte des Feldes!
O süßes Grün der Früchte!
O Gepäck ohne Bürde,
du beugst das Herz nicht zur Sünde!

O edles Gefäß,
nicht besudelt,
nicht zugrunde gerichtet
vom Tanz in der alten Höhle,
nicht aufgerieben
von den Wunden des alten Verderbers!

Der Heilige Geist erklingt in dir,
beigesellt wirst du den Chören der Engel,
in Gottes Sohn geschmückt,
da keinen Makel du hast.

Wie anmutig bist du,
o Rupert!
In Kindheit und in Jugend
hast Gott du voll Ehrfurcht ersehnt,
von Liebe umfangen
im süßesten Duft guter Werke.

O Jerusalem,
dein Fundament ist errichtet
aus lodernden Steinen:
Steuerpächtern
und Sündern,
sie waren verirrte Schafe.
Doch wiedergefunden durch Gottes Sohn
kamen zu dir sie geeilt,

Baustein um Baustein für dich.
Daher schimmern deine Mauern
vor lebendigen Steinen.
Im innigsten Eifer guten Willens
stiegen sie Wolken gleich in den Himmel auf.

Und deine Türme,
o Jerusalem,
prunken und gleißen im Rot
und im Weiß der Heiligen,
in jeder Herrlichkeit Gottes.
Denn nichts davon fehlt dir, o Jerusalem.

O ihr, die ihr geschmückt,
o ihr, die ihr gekrönt
Jerusalem bewohnt,
und, Rupert, o du,
ihr Gefährte in dieser Wohnstatt:
Eilt uns nun zu Hilfe,
denn wir sind Diener
und leiden Not im Exil.

PHYSICA:
PFLANZENKUNDE

Bei der Erschaffung des Menschen nahm Gott Erde von der Erde. Aus ihr wurde der Mensch geformt, und alle Elemente dienten ihm, weil sie seine Lebendigkeit spürten, und alle kamen sie seinem Dasein entgegen. Sie wirkten gemeinsam mit ihm, und er gemeinsam mit ihnen. Und die Erde ließ alles so sprießen, wie es für die Art, die Natur, den Charakter und überhaupt das ganze Verhalten des Menschen passend war.

Denn die Erde spiegelt in der Gestalt ihrer nützlichen Pflanzen die einzelnen edlen Charakterzüge des Menschen wider. Aber mit ihren schädlichen Gewächsen verweist sie auf den nutzlosen, teuflischen Teil seines Wesens. [...]

Jede Pflanze ist nun entweder warm oder kalt. Und wenn sie wächst, versinnbildlicht die Wärme einer Pflanze die Seele, ihre Kälte hingegen den Leib. Und so gedeihen sie je nach ihrer Art, indem sie entweder reichlich Wärme oder Kälte besitzen. Wenn nun alle Pflanzen warm wären, aber keine kalt, würden sie uns Schaden zufügen, wenn wir sie verwenden. Wären aber alle kalt und keine einzige warm, würden sie den Menschen ebenfalls Schwierigkeiten bereiten. Denn die warmen Gewächse wirken der Kälte und die kalten der Wärme im Menschen entgegen. Und manche Pflanzen enthalten die Wirkung ausgesprochen starker Aromen, und zwar die herbe Kraft intensiver Bitterstoffe. Dadurch vertreiben sie auch die meisten Übel, weil diese von bösen Geistern hervorgerufen werden, welche ihrerseits

Widerwillen gegen diese Aromen empfinden. Aber es gibt auch Kräuter, die gleichsam den Abschaum der Elemente enthalten, und Menschen, die mit deren Hilfe ihr Schicksal zu erkunden suchen, werden dabei in die Irre geführt. Solche Pflanzen liebt der Teufel und dringt auch selbst in sie ein.

ERSTES BUCH

Weizen

Der Weizen ist warm und als Frucht vollkommen, an ihm findet sich also kein Makel. Wenn der Weizen in der rechten Weise zu Mehl verarbeitet wird, so ist das daraus gebackene Brot sowohl für Gesunde als auch für Kranke förderlich und bewirkt im Menschen gutes Fleisch und gutes Blut. Aber wenn man den Markdunst, d. h. der Semmelgrieß, aus diesem Mehl herausdrischt und von diesem Dunst Brot backt, dann ist ein solches Brot schwächer und kraftloser, als wenn es aus dem richtig hergestellten Mehl gebacken wird. Der Dunst verliert nämlich seine Kräfte zum großen Teil und erzeugt im Menschen mehr Schleim als das auf rechte Weise gewonnene Weizenmehl.

Wer den Weizen zwar nicht in ganzen Körnern, aber doch auch ungemahlen kocht und ihn so wie jede andere Speise isst, der verschafft sich weder gutes Blut noch gutes Fleisch, sondern im Gegenteil viel Schleim. Denn so kann der Weizen kaum verdaut werden, und infolgedessen ist er in dieser Form für Kranke ganz unbekömmlich, wenngleich ein gesunder Mensch die entsprechende Speise bewältigen kann.

Wenn jemand allerdings ein leeres Gehirn hat und deswegen vom Wahnsinn geplagt wird, wenn er gleichsam rasend ist, nehme man ganze Weizenkörner und koche sie in Wasser. Nachdem das Wasser abgegossen wurde, bedecke man den Kopf des Kranken ringsum mit den erwärmten Körnern und binde ein Tuch darum. So wird sein Gehirn vom Weizensaft angefüllt werden, und er wird seine Kräfte und Gesundheit zurückgewinnen. Und das wiederhole man, bis dass der Kranke wieder bei Verstand ist.

Wer hingegen Schmerzen im Rücken oder in der Lendengegend hat, soll Weizenkörner in Wasser kochen und sie in warmem Zustand auf die jeweils schmerzende Stelle legen. Die Wärme des Weizens wird die Kraft der Krankheit dann vertreiben.

Winterweizen

Der Winterweizen ist warm, aber doch kälter als der Weizen, und reich an Kräften. Das aus ihm hergestellte Brot ist für gesunde Menschen zuträglich und stärkt sie. Auch für diejenigen, die fettes Fleisch haben, ist es gut, weil es zwar ihr Fleisch magerer macht, aber sie selbst gleichwohl stärkt.

Für Menschen hingegen, die einen kalten Magen haben und infolgedessen immer wieder erkranken, ist er schädlich. Denn gerade aufgrund dieser Schwäche können sie ihn nicht verdauen, sodass er durch seine Unbekömmlichkeit große Risiken für sie birgt.

Hafer

Hafer ist warm, besitzt einen scharfen Geschmack und bildet im Menschen starken Dunst aus. Für gesunde Menschen ist er eine ebenso bekömmliche wie gesunde Speise: Er hat bei ihnen aufmunternde Wirkung, verleiht ihnen einen klaren und hellen Verstand und sorgt für gesunde Farbe und kräftiges Fleisch. Auch für diejenigen, die nur ein wenig krank sind, ist er zuträglich, ob sie ihn nun in Form von Brot oder von Mehl zu sich nehmen, und er besitzt keinerlei schädliche Wirkung bei ihnen.

Für diejenigen aber, die sehr krank oder kalt sind, ist sein Verzehr ungeeignet, weil Hafer immer Wärme benötigt. Wenn solche Leute dennoch Mehl oder Brot aus Hafer essen, gerinnt dieser sogleich in ihren Mägen und erzeugt Schleim. Eine Stärkung bedeutet er für diese Menschen in keiner Weise, weil sie ja kalt sind. Wer jedoch von Gicht geplagt ist und infolgedessen einen gespaltenen Geist und unsinnige Gedanken hat, also ansatzweise der Raserei verfallen ist, soll im Schwitzbad die glühenden Steine mit Wasser begießen, in dem Hafer gekocht worden ist. Das soll er oft durchführen, dann wird er wieder zu sich kommen und seine Gesundheit zurückerlangen.

Gerste

Gerste ist kalt, und zwar kälter und schwächer als die bereits genannten Getreidesorten. Ihr Verzehr, sei es als Brot oder als Mehl, schwächt sowohl Gesunde als auch Kranke, weil Gerste nicht solche Kräfte besitzt wie die übrigen Arten der Feldfrüchte.

Wenn ein Kranker jedoch schon am ganzen Leib entkräftet ist, soll er Gerste in Wasser stark aufkochen, dieses Wasser in ein Fass gießen und darin ein Bad nehmen. Das soll er so oft tun, bis er geheilt ist. Dadurch wird er wieder an Gewicht gewinnen und seine Gesundheit wird sich erneut einstellen.

Wer nun in einem solchen Maß geschwächt ist, dass er kein Brot mehr essen kann, soll Gerste und Hafer zu gleichen Teilen nehmen, ein wenig Fenchel hinzufügen und das alles gemeinsam in Wasser aufkochen. Nachdem es gekocht hat, soll er diesen Saft durch ein Tuch seihen und anschließend wie eine Brühe trinken, anstatt das entsprechende Brot zu essen. Das soll er machen, bis er wieder gesund ist.

Dinkel

Dinkel ist das beste Korn, sowohl warm als auch fett und kraftvoll, zudem ist es süßer als alle übrigen Kornarten. Wer es zu sich nimmt, dem bereitet es gutes Fleisch, verschafft ihm gesundes Blut, heitert seinen Sinn auf und bewirkt Freude im Herzen des Menschen.

Ganz gleich in welcher Form man Dinkel zu sich nimmt, ob nun als Brot oder als Zutat in anderen Speisen, ist er bekömmlich und angenehm.

Wenn jemand hingegen so krank ist, dass er vor Schwäche nichts mehr essen kann, nehme man ganze Dinkelkörner und lasse sie in Wasser kochen – unter Zugabe von Kräutern oder einem Eidotter, damit die Brühe schmackhafter wird und umso bereitwilliger eingenommen werden kann. Dann gebe man sie dem Kranken zu trinken, und sie wird ihn wie eine gute Heilsalbe von innen gesunden lassen.

Erbsen

Erbsen sind kalt und haben eine phlegmatische, auf die Lunge eine leicht niederdrückende Wirkung. Gleichwohl ist ihr Verzehr zuträglich für einen Menschen, der eine warme Natur besitzt, und spornt ihn an. Für diejenigen aber, denen eine kalte Natur zu Eigen ist und die krank sind, sind Erbsen unverträglich, weil sie im Mund Schleim bildend wirken, wenn sie von solchen Leuten gegessen werden.

Bohnen

Die Bohne ist warm und ein für gesunde und kräftige Menschen sehr bekömmliches Nahrungsmittel. Sie ist besser als die Erbse, denn wenn ein Kranker Bohnen isst, schaden sie ihm nicht sehr, weil sie in ihm nicht so viel Flüssigkeit und Schleim erzeugen, wie die Erbse hervorruft.

Bohnenmehl wiederum ist sowohl für den kranken als auch für den gesunden Menschen gut und zuträglich, denn es ist leicht und kann bestens verdaut werden.

Wer jedoch innerliche Beschwerden hat, der soll Bohnen unter Zugabe von etwas Fett oder Öl in Wasser kochen, dann die Bohnen herausnehmen und schließlich die heiße Brühe schlürfen. Das soll er oft wiederholen, und es wird ihn von innen gesunden lassen.

Linsen

Die Linse ist kalt, und ihr Verzehr kräftigt weder das Mark noch das Blut noch das Fleisch des Menschen. Sie verleiht ihm auch keine Kraft, sondern sättigt nur den Bauch und füllt ihn mit einer wertlosen Menge. Allerdings facht sie die kranken Säfte bei den Menschen zum Sturm an.

Hirse

Die Hirse besitzt so gut wie keine Wärme, sie ist also kalt. Weder das Blut noch das Fleisch vermehrt sie im Menschen, ebenso wenig verleiht sie ihm Kräfte. Vielmehr füllt sie nur seinen Magen und mindert in ihm den Hunger, weil sie einen wenig erquicklichen Geschmack besitzt.

Allerdings macht Hirse das Gehirn des Menschen wasserhaltig und verursacht einen schwachen, trägen

Magen. Die Säfte, die im Menschen sind, entfacht sie indes zum Sturm. Sie ist beinahe ein Unkraut und ihr Verzehr ist der Gesundheit eines Menschen nicht förderlich.

Hanf

Hanf ist warm. Er gedeiht in einem Klima, das weder besonders warm noch übermäßig kalt ist. Entsprechend verhält sich auch seine eigene Natur. Sein Samen besitzt Heilkräfte und sein Verzehr ist für gesunde Menschen förderlich. Denn für ihren Magen ist Hanf bekömmlich und zuträglich, zumal er in gewissem Maße Schleim aus dem Magen treibt und gut verdaut werden kann. Er vermindert zudem die schlechten Körpersäfte, während er die guten Flüssigkeiten vermehrt.

Wer hingegen Kopfschmerzen hat und wessen Hirn leer ist, dem erleichtert der Verzehr von Hanf die Schmerzen in seinem Kopf ein bisschen. Demjenigen aber, der davon nicht geplagt wird und der ein volles Hirn im Kopf hat, schadet er auch nicht. Wenn jemand nun sehr krank ist, bereitet ihm Hanf zwar ein gewisses Schmerzempfinden im Magen; für jemanden, der nur leicht erkrankt ist, ist der Verzehr jedoch unschädlich.

Galgant (ein Ingwergewächs)

Galgant ist ganz warm, enthält keinerlei Kälte, besitzt aber starke Kräfte. Jemand, der glühendes Fieber hat, soll Galgant zu Pulver verarbeiten und dieses Pulver in Quellwasser trinken. Damit wird er sein glühendes Fieber löschen.

Menschen, die im Rücken oder in den Seiten an schlechten Körpersäften leiden, sollen des Öfteren Galgant mit Wein vermengen, erwärmen und trinken; der Schmerz wird dann allmählich vergehen.

Und wer Herzschmerzen hat und Ohnmachtsgefühle im Herzen erleidet, der soll sich sogleich an Galgant satt essen, und es wird ihm besser gehen.

Zitwer (ein Ingwergewächs)

Zitwer ist mäßig warm und trägt große Kraft in sich. Ein Mensch, der an seinen Körpergliedern zittert und dessen Kraft ermattet ist, gebe Zitwerscheiben in Wein, füge Galgant in leicht geringerer Menge hinzu und koche den Wein unter Beigabe von etwas Honig auf. Durch diesen Wein wird das Zittern von ihm weichen, und er wird seine Kraft zurückgewinnen.

Wer hingegen viel Schleim und viel Schaum in sich hat, soll Zitwer zu Pulver verarbeiten, ein kleines Tuch mit diesem Pulver füllen und zusammenbinden und es in dieser Form in ein Gefäß legen, in das zuvor Wasser eingegossen wurde. Durch Aufquellen über Nacht soll das Wasser dann den Zitwergeschmack annehmen. Am Morgen trinke man diesen Saft auf nüchternen Magen, und wenn dies wiederholt erfolgt, werden der Schleim und der Schaum allmählich verschwinden.

Aber wenn jemand heftige Kopfschmerzen hat, soll derjenige dasselbe Pulver in ein Tuch binden, in Wasser tunken und sich damit Stirn und Schläfen befeuchten. Auf diese Weise wird es ihm besser gehen.

Und wenn schlechte Speisen den Magen sehr belasten und ein starkes Völlegefühl erzeugen, soll man Zitwer zu Pulver verarbeiten, aus diesem Pulver unter Zugabe von ein wenig Mehl und Wasser eine Paste herstellen, diese in der Sonne oder im lauwarmen Ofen heiß werden lassen und dann die Paste erneut zu Pulver zerreiben. Dieses Pulver streue man sich immer wieder auf die Hand, um daran zu lecken, und zwar auf nüchternen Magen sowie vor dem Schlafengehen, falls der Magen auch nachts Beschwerden bereitet.

Ingwer

Ingwer ist sehr warm und verbreitet seine Wirkung rasch. Für gesunde und feiste Menschen ist der Verzehr schädlich, weil er sie unbedarft, achtlos, unüberlegt und übermütig macht.

Aber wessen Körper ausgetrocknet ist und wem die Kräfte fast schon schwinden, der soll Ingwer zu Pulver zerstoßen, dieses Pulver in Maßen auf nüchternen Magen als Brühe einnehmen und es auch manchmal, wiederum maßvoll, zusammen mit Brot essen. Dann wird er sich erholen. Sobald es ihm dann wieder besser geht, soll er allerdings keinen Ingwer mehr zu sich nehmen, weil ihn das sonst schädigen würde.

Wer hingegen an trüben Augen leidet, soll Ingwer zu Pulver verarbeiten, dieses in ein Tuch schnüren und solange in Wein eintauchen, bis der Wein sauer wird.

Und bevor er nachts schlafen geht, soll er sich etwas von dem Wein um Augenlider und Augen auftragen. Falls ein wenig davon in seine Augen gelangen sollte, ist das nicht schädlich. Auf diese Weise werden die Augen von Eiter und Trübheit befreit.

Pfeffer

Pfeffer ist sehr warm und trocken. Er trägt eine leicht schädliche Wirkung in sich und der Verzehr in größeren Mengen ist für den Menschen abträglich, weil er zu Rippenfellentzündungen führt und die guten Säfte im Körper schwächt, während er schlechte Flüssigkeiten in ihm aufkommen lässt.

Wenn jemand jedoch an der Milz erkrankt ist und ihm Mahlzeiten zuwider sind, sodass er nicht essen mag, soll derjenige zu einem beliebigen Essen Brot mit Pfeffer verzehren, allerdings in Maßen. Dann wird sich seine Milz erholen und er selbst wird seinen Verdruss gegenüber der Nahrungsaufnahme ablegen.

Kümmel (Kreuzkümmel)

Kümmel ist von gemäßigter Wärme und trocken. Für Menschen, die dämpfig sind, ist er ein bekömmliches, nützliches und gesundes Lebensmittel, ganz gleich in welcher Form er gegessen wird.

Wenn jemand hingegen herzkrank ist und Kümmel zu sich nimmt, so hat das bei ihm schädliche Wirkung.

Für gesunde Menschen ist sein Genuss insofern förderlich, als er ihnen ein frohes Gemüt bereitet und bei denen, die allzu warm sind, Kühlung hervorruft.

Jedem Kranken schadet der Kümmel hingegen aus dem Grund, dass sein Verzehr die jeweilige Krankheit umso stärker entfacht, außer allerdings bei Lungenschmerzen.

Bertram (Zahnwurz)

Bertram ist von gemäßigter Wärme und etwas trocken. Er besitzt eine rechte Mischung, ist rein und beinhaltet eine gute Frische. Der Verzehr ist für den gesunden Menschen zuträglich, weil er ihn entschlackt und das gute Blut in ihm vermehrt, außerdem sorgt er für einen klaren Verstand. Aber er bringt auch den Kranken, dessen Körperkräfte schon schwinden, wieder zu Kräften. Und Bertram sorgt dafür, dass der Mensch nichts unverwertet ausscheidet, vielmehr verschafft er ihm eine gute Verdauung.

Und ein Mensch, der viel Schleim in seinem Kopf hat, vermindert diesen Schleim durch häufigen Verzehr von Bertram. Der vielfache Genuss vertreibt aber auch die Rippenfellentzündung, lässt gesunde Säfte aufkommen und verschafft den Menschen einen klaren Blick. Unabhängig davon, wie man Bertram zu sich nimmt, nämlich ob pur oder einer Speise beigegeben, ist er sowohl für kranke als auch für gesunde Menschen ebenso nützlich wie bekömmlich. Denn wenn jemand des Öfteren diese Wurzel isst, treibt sie bestehende Krankheiten aus demjenigen heraus und verhindert, dass er sich neue zuzieht. Die Tatsache, dass der Verzehr im Mundraum Feuchtigkeit und Speichel hervorruft, beruht indes darauf, dass Bertram den Körper schlechte Säfte aussondern lässt und ihm wieder Gesundheit verschafft.

Lakritze (Süßholz)

Lakritze hat eine mäßige Wärme. Unabhängig davon, auf welche Art sie verzehrt wird, hilft sie dem Menschen bei Heiserkeit, entspannt sein Gemüt, sorgt für einen klaren Blick und verhilft dem Magen zu müheloser Verdauung. Aber auch für einen Geisteskranken ist Lakritze sehr zuträglich, weil sie bei häufigem Genuss die Raserei ausmerzt, die sich in seinem Gehirn befindet.

Muskatnuss

Die Muskatnuss ist sehr warm, und ihre Kräfte stellen eine gute Mischung dar. Wenn ein Mensch etwas Muskatnuss zu sich nimmt, weitet sie sein Herz, reinigt seinen Sinn und flößt ihm ein frohes Wesen ein.

Man nehme eine beliebige Muskatnuss, Zimt in derselben Gewichtsmenge und ein wenig Nelke. Das alles verarbeite man zu einem Pulver. Aus diesem Pulver stelle man dann unter Zugabe von ebenso viel Mehl und etwas Wasser eine Paste her. Diese nehme man häufig zu sich, denn das vertreibt jede Bitterkeit aus Herz und Sinn; es weitet außerdem das Herz, wirkt stumpfem Empfinden entgegen, sorgt für ein frohes Gemüt, erfrischt die Sinne, vermindert alle schädlichen Körperflüssigkeiten, unterstützt die guten Säfte im Blut und stärkt jeden Menschen.

Rosen

Die Rose ist kalt, und in dieser Kälte birgt sie eine nützliche Kräftemischung. Am Morgen oder noch bei Tagesanbruch zupfe man Blätter von einer Rose ab und lege sie auf beide Augen: Dann werden sie die Flüssigkeit aus ihnen ziehen, sodass die Augen nicht mehr triefen, und für einen klaren Blick sorgen. Auch wer unter Geschwüren an seinem Körper leidet, soll Rosenblätter auf diese Stellen legen, damit sie die Fäulnis aus ihnen heraussaugen.

Rosenblätter eignen sich allerdings auch gut als Basis für Getränke und Salben sowie als Beigabe zu sämtlichen Medikamenten. Letztere sind umso wirksamer, sobald ihnen etwas Rosenextrakt beigemischt wird, und sei es noch so wenig: Das kommt von den nützlichen Kräften, die gerade erwähnt worden sind.

Lilien

Die Lilie ist eher kalt als warm. Man nehme das Haupt einer Lilienwurzel, zerstoße es kräftig unter Zugabe von altem Fett, zerlasse diese Paste dann in einer Schüssel und gieße sie in ein kleines Gefäß. Wer weiße Lepra hat, soll sich damit immer wieder einsalben, zuvor allerdings soll er die Masse erwärmen; dann wird er geheilt werden. Auf dieselbe Weise kann rote Lepra kuriert werden.

Wer hingegen an Ausschlag leidet, der soll häufig Ziegenmilch trinken, wodurch der Ausschlag besonders stark zutage tritt. Dann nehme er die Stängel und Blätter von Lilien, zerstoße diese, presse den Saft aus ihnen heraus und verknete diesen Saft mit Mehl. An denjenigen Körperstellen, wo der Ausschlag zu sehen ist, soll er sich immer wieder damit einsalben. Bevor er allerdings diese Salbe anwendet, sollte er stets Ziegenmilch trinken.

Bei Lilien erfreuen des Weiteren auch der Duft ihrer Knospen sowie der Duft ihrer Blüten die Herzen der Menschen und verhelfen ihnen zu klaren Gedanken.

Flohkraut

Flohkraut hat eine kalte Natur, und in dieser Kälte enthält es eine süße Milde. Wer es in Wein kocht und den Wein so erwärmt trinkt, bezähmt in sich auch starke Fieberwallungen. Des Weiteren hellt es infolge seiner süßen Milde bei niedergeschlagenen Menschen die Stimmung auf, sorgt für ein festes Gemüt und stärkt dieses sowohl mit seiner Kälte als auch mit seiner Milde so, dass es wieder gesund wird.

Aber auch wer unter Fieberwallungen im Magen leidet, soll Flohkraut in Wein kochen, den Wein danach allerdings abgießen, das Flohkraut in ein Tuch geben und so erwärmt über seinem Bauch festbinden. Dann werden die Fieberwallungen im Magen verschwinden.

Lavendel

Lavendel ist warm und trocken, weil er nur wenig Saft enthält. Zum Verzehr ist er für den Menschen nicht geeignet, allerdings besitzt er einen kraftvollen Duft: Wenn jemand verlaust ist, so sterben die Läuse an ihm ab, wenn er häufig an Lavendel riecht. Zudem verschafft ihm der Duft einen klaren Blick.

Hopfen

Hopfen ist warm und trocken, Feuchtigkeit besitzt er nur wenig. Zur Anwendung beim Menschen ist er völlig ungeeignet, weil er Schwermut hervorruft, jeden trübsinnig werden lässt und das Herz bedrückt. Allerdings verhindert er aufgrund seiner Bitterkeit den Fäulnisprozess in Getränken, denen er beigegeben wird. Diese halten sich daher umso länger.

Salbei

Salbei ist von warmer und trockener Natur, er wächst nämlich mehr durch die Hitze der Sonne als durch die Feuchtigkeit der Erde.

Gegen die kranken Körpersäfte ist Salbei nützlich, weil er trocken ist. Ihn roh oder gekocht zu essen ist gut für denjenigen, den schädliche Flüssigkeiten plagen, denn dadurch werden diese geschwächt. Es empfiehlt sich besonders, Salbei zu nehmen, ihn zu Pulver zu verarbeiten und dieses Pulver mit Brot zu essen: Ein Übermaß an schlechten Säften wird dadurch beseitigt. Und wenn jemand an überreichlichem Schleim leidet oder wenn jemand übel riechenden Atem hat, dann koche er Salbei in Wein auf, filtere diesen anschließend durch ein Tuch und trinke den Wein dann so. Das lässt die schlechten Flüssigkeiten und den Schleim in ihm schwinden.

Wenn nun derjenige, den solche Krankheiten plagen, zudem an einer leichten Gicht leidet, dann soll er den Salbei in Wasser kochen und so trinken. Dann werden die Flüssigkeiten und der Schleim in ihm schwinden.

NACHWORT

HILDEGARD VON BINGEN

Hildegard von Bingen ist heute vor allem unter zwei Aspekten bekannt: als eine der bedeutendsten Mystikerinnen des Mittelalters und als die erste Naturkundlerin des christlichen Europa. Dementsprechend lässt der vorliegende Band Hildegard zunächst und vor allem in ihrem kosmischen Denken, besonders in ihrer vornehmlich bildhaften Weltsicht zu Wort kommen. Im Verständnis der *prophetissa teutonica*, der »deutschen Prophetin«, ist die von Gott geschaffene Ordnung des Alls melodisch, harmonisch, symphonisch. Dies bringt sie in ihrem fundamentalen Erstwerk »Scivias« (dt.: »Wisse die Wege«) und ganz besonders mit der berühmten »Ordo Virtutum« (dt.: »Schar der Tugenden«) nachhaltig zum Ausdruck.

Die erwähnte Harmonie findet sich in Hildegards Opus nicht nur in allegorischen Beschreibungen des sinnlich Wahrnehmbaren einerseits und der transzendenten Welt andererseits. Sie selbst schuf mit den »Symphonia« Lieder auf geistliche Wahrheiten, die voller Harmonie sind. »Geistliche Wahrheiten« würden dabei für Hildegard eine ungewohnte Differenzierung bedeuten, denn für sie ist die Welt, der Kosmos stets ganzheitlich zu betrachten. Gott und sein Wirken sind in den so genannten himmlischen Sphären ebenso zu verorten wie mitten im alltäglichen Leben.

Die naturkundlich und speziell medizinisch ausgerichteten »Physica« (dt.: »Naturkunde«) basieren auf dieser Verflechtung des Geistigen mit dem Körperlichen.

Gleichzeitig bietet das Werk auf der biologischen und botanischen Sachebene einen schillernden Einblick in das medizinische Denken des Hochmittelalters.

Der Lebensweg einer Nonne

Die ganzheitliche Weltsicht Hildegards hängt nicht nur mit der tiefen Religiosität der Heiligen selbst zusammen, sondern auch mit der Mentalität ihrer Epoche und den entsprechenden Lebensumständen der Frau von Bingen. Daher ist, um sich mit Hildegard und ihrem Denken ergiebiger auseinander setzen zu können, auch ein Blick auf die historische Person vonnöten.

Hildegard wurde um 1098 als zehntes und letztes Kind gewisser Edelfreien geboren, von denen allein die Vornamen gesichert sind (Hildebert und Mechthild). Das Geschlecht des Hauses (vielleicht von Bermersheim) bleibt zweifelhaft, auch Datum und Ort der Geburt sowie alle weiteren Umstände von Hildegards Kindheit sind nicht überliefert. Eine zeitgenössisch verfasste Vita, deren Urheber Gottfried und Theoderich sich wohl zu Hildegards Lebzeiten als Mönche im Benediktinerkloster auf dem Disibodenberg aufgehalten haben, weiß aber bereits zu berichten, dass Hildeberts Tochter um 1105 als so genannte *inclusa* an ebendieses Kloster abgegeben wurde, um dort »in Klausur« zu leben. Damit brachten die Eltern ihr Kind Gott gleichsam als leibliches Zehnt zum Dankopfer dar – eine Praxis, wie sie über Jahrhunderte hinweg vor allem in Adelshäusern üblich war. Hildegard kam auf diesem Weg in die Klause einer dem Kloster angeschlossenen Einsiedelei, welche Jutta von Sponheim leitete. Vermutlich 1112 legte sie dann ihr ewiges Gelübde als Benediktinerin ab.

1136, über zwanzig Jahre später, als die Klause bereits zu einem kleinen Konvent herangewachsen war, der aber weiterhin dem Benediktinerkloster unterstellt blieb, starb Jutta von Sponheim. Als ihre Nachfolgerin wurde Hildegard zur *magistra* gewählt, womit sie – innerhalb ihrer Gehorsamspflicht gegenüber dem Abt des Hauptklosters – zur Leiterin des Nonnenkonvents aufgestiegen war. Die Zeit auf dem Disibodenberg nimmt also, bevor Hildegard mit ihren Schriften zu einer, mit einem heutigen Wort, »öffentlichen Person« wurde, fast ihren gesamten Lebensraum ein und war insofern ihr gedanklicher Nährboden. Die Verwurzelung der Heiligen sowohl in diesem Ort als auch gleichermaßen in dem dort eingehend gepflegten christlichen Glauben zeigt sich beispielhaft in einem Gedicht auf den Namenspatron des Berges:

Kindheit, o glückselige,
des auserwählten Disibod!
Von Gott den Hauch empfangen,
hast du die heiligsten Werke
durch Wundertaten Gottes
wie allersüßesten
Balsamduft verströmt.

Das Klosterleben bildete somit Hildegards kulturelles und gedankliches Fundament: Sie war umfangreich gebildet im christlichen Glauben – auch wenn sie in ihren Schriften immer wieder die Selbstbezichtigung erhebt, »ungelehrt« zu sein – und besaß durch das Klosterleben, speziell als *magistra*, weit reichende pflanzliche, naturkundliche sowie grundlegende medizinische Kenntnisse.

Der Unterschied zwischen diesem Leben als einer Nonne unter vielen und ihrer heutigen Bedeutung gründet in einer Reihe von Erlebnissen, die Hildegard Anfang der 40er-Jahre des 12. Jahrhunderts widerfuhren: Plötzlich und immer häufiger nahm sie bildermächtige Visionen wahr. Nach eigener Aussage begegneten ihr diese Erscheinungen erstmals im Jahr 1141. Zwar fühlte sie sich sogleich berufen, diese Gesichter und ihren genauen Inhalt zu verkünden – vernahm sie doch mit ihnen auch immer wieder die Stimme »Dic et scribe, quae vides et audis!«, »Sag und schreibe, was du siehst und hörst!« Doch wie sie selbst vermerkt, hielt sie ihre eigene Scham davon ab. Bedenkt man die seinerzeit selbstverständliche zurückgezogene Bescheidenheit der Frauen im Allgemeinen und einer Nonne im Besonderen, verwundert dieser innere Zwiespalt nicht.

Die Wende hin zur Verkündigung dessen, was sie gesehen hatte, ereignete sich, als Hildegard nach einem erneuten Aufruf zum »Dic et scribe« schwer erkrankte: Sie verstand dies als göttliches Zeichen, öffentlich Zeugnis abzulegen. Und kaum hatte sie mit der Niederschrift ihrer Visionen begonnen, die später als »Scivias« bekannt wurde, gesundete sie wieder. Was den Wahrheitsgehalt dieser Krankengeschichte betrifft, ist wohl keine besondere Skepsis angebracht, da entsprechende psychosomatische Wechselwirkungen mehrfach bezeugt sind. Auch im weiteren Verlauf ihres Lebens erkrankte Hildegard häufiger oder verfiel gar in körperliche Starre, wenn äußere Umstände ihren wesentlichen Wünschen, Vorhaben oder Zielen Steine in den Weg legten. Auch in diesen späteren Fällen ging die Gesundung oft unmittelbar mit der Beilegung oder Lösung der entsprechenden Probleme einher.

Nachdem die Heilige ihre ersten Visionen in den folgenden Jahren, also offenbar mit großer Sorgfalt, zusammengestellt hatte, vertraute sie sich zunächst ihrem Beichtvater Volmar an, der das Werk wiederum dem Abt, Kuno, zur wohlwollenden Prüfung vorlegte. Als dieser sich ebenfalls von der Wahrheit des Inhalts überzeugt zeigte, reichte er es an den Mainzer Erzbischof Heinrich weiter, der die Schriften billigte und sie 1147 in Trier Papst Eugen III. in die Hände legte. Nachdem eine päpstliche Kommission ins Kloster am Disibodenberg entsandt worden war, wurden die neu verfassten Schriften und damit auch Hildegards prophetisch-visionäre Gabe offiziell kirchlich anerkannt. Verbunden war damit die päpstliche Erlaubnis an Hildegard, ihre Visionen öffentlich zu machen.

Diese Approbation sorgte für ungeheures Ansehen: Zahlreiche Menschen, besonders Kranke und selbst jüdische Gelehrte, suchten bei Hildegard Unterweisung im Glauben, hofften auf medizinischen Rat oder fanden sich zum tiefgründigen Gedankenaustausch bei ihr ein.

Zugleich kamen immer mehr junge Frauen, um ihr Leben als Benediktinerinnen bei Hildegard zu verbringen, sodass der Konvent bald weitaus größerer Räumlichkeiten bedurfte. Hildegard begann daher gegen 1150 mit der Planung eines Neubaus auf dem unweit gelegenen Rupertsberg bei Bingen. Als der Abt des Disibodenberges diesem Vorhaben sehr zögerlich begegnete, erkrankte Hildegard abermals schwer, gesundete jedoch rasch, kaum dass der Abt schließlich sein Einverständnis erteilt hatte. Der Umzug auf den Rupertsberg konnte beginnen.

Hildegard erschien ihren Zeitgenossen als Prophetin, was auch ihrer ausdrücklichen Selbsteinschätzung entsprach. Dass ihre Visionen auch von der Amtskirche als Botschaften Gottes anerkannt waren, verlieh ihren Worten ein unvergleichliches Gewicht: Zwar war die kirchliche Lehre im engeren Sinne Männern vorbehalten, doch bot sich für Hildegard so die Möglichkeit, ausgehend von ihren Visionen offen vor den Menschen zu predigen – und das nicht nur innerhalb der Klostermauern. Vielmehr durfte sie, die *inclusa*, zu mehreren Reisen aufbrechen, die sie zwischen 1158 und 1170 in den Süden und Westen des Hl. Römischen Reichs führten, u. a. nach Würzburg, Zwiefalten und Köln.

Diese Vorgänge bedeuteten für das christliche Mittelalter einen kulturellen Bruch, sodass Hildegard aufgrund ihrer besonderen Rolle für einige Zeitgenossen auch zur Reizfigur wurde. Der Abt des Disibodenberges etwa kritisierte, dass das neue Kloster auf dem Rupertsberg nicht nur über großen materiellen Besitz verfügte – was vor allem durch Schenkungen tatsächlich eingetreten war –, sondern dass die Nonnen auch einem Lebensstil frönten, der ihrem Armutsgelübde widerspreche. Des Weiteren wurden Stimmen dagegen laut, dass der Rupertsberg adligen Frauen vorbehalten blieb. Diesem Vorwurf trat Hildegard 1165 entgegen, indem ihr Konvent das ehemalige Augustinerkloster von Eibingen erwarb und dort eine Niederlassung gründete, die auch nichtadligen Frauen offen stand. Die insgesamt herausragende Verehrung jedoch, die Hildegard in ihrer Zeit widerfuhr, zeigt sich exemplarisch darin, dass selbst Kaiser Barbarossa sie zur Beratung auf seine Pfalz zu Ingelheim bestellte.

Schon zu Lebzeiten als *prophetissa teutonica* und Heilige hochgeschätzt, starb Hildegard am 17. September 1179 in ihrem Kloster auf dem Rupertsberg. Ende des 16. Jahrhunderts wurde sie, allerdings ohne Kanonisierung, in das Martyrologium Romanum aufgenommen, das Verzeichnis der Heiligen der römisch-katholischen Kirche. Die Worte und Visionen, mit denen Hildegard diesen Rang unter ihren Zeitgenossen einnehmen konnte und bis auf den heutigen Tag bekleidet, sind dabei in einer ganzen Reihe von Werken erhalten:

Die Werke

Die drei wesentlichen theologischen Schriften Hildegards sind die Bücher »Scivias«, »Liber Vitae Meritorum« und »Liber Divinorum Operum«. Der grundlegende »Liber Scivias Domini« (»Wisse die Wege des Herrn«, meist abgekürzt nur »Scivias«) entstand 1141 bis 1151. In ihm werden in Form zahlreicher Visionen die Heilsgeschichte und deren kosmische Dimensionen anschaulich gemacht. Auch der »Liber Vitae Meritorum« (»Buch der Lebensverdienste«, 1158–67) besteht aus einer Reihe von Visionen, die allerdings vor allem Fragen der Ethik behandeln. Der »Liber Divinorum Operum« (»Buch der göttlichen Werke«, 1163–74) beinhaltet schließlich erneut eine visionäre Kosmologie, besonders jedoch hinsichtlich der Rolle des Menschen als Zentrum der Schöpfung.

Unter dem Namen »Symphonia« hat Hildegard des Weiteren über siebzig von ihr verfasste geistliche Lieder vereint, wobei die Überlieferung verschiedene Anordnungen dieser Kompositionen kennt. Die Zusammenstellung – der vollständige Titel lautet »Symphonia Harmoniae Coelestium Revelationum«, »Symphonie harmonischer Himmelsoffenbarungen« – lässt sich als Ganzes zeitlich ebenso wenig eingrenzen wie die einzelnen darin enthaltenen Gesänge. Doch waren sie auch für Hildegard nicht nur das Werk eines isolierten Moments: Denn die Lieder und Hymnen wurden an Feiertagen immer wieder von sämtlichen Nonnen im festlich gekleideten Chor gesungen und erzielten auch in dieser Hinsicht die für Hildegard so wichtige Harmonie.

Historisch wiederum exakter lokalisierbar, verfasste Hildegard ihr naturkundlich-medizinisches Opus Mitte der 1150er-Jahre. In seiner ursprünglichen Fassung trug es den Titel »Liber Subtilitatum Diversarum Naturarum Creaturarum« (»Buch über die verborgenen Eigenschaften der verschiedenen Geschöpfe«). Das Werk wurde jedoch im 13. Jahrhundert in zwei Schriften untergliedert, die »Physica« (»Naturkunde«) und die »Causae et Curae« (»Ursachen und Heilungen«). Es ist auch nur in dieser späteren Form überliefert. Obwohl sich die Frau von Bingen in dieser Abhandlung, anders als in den zuvor genannten, nicht ausdrücklich religiösen Themen widmet, spielt das fromme Weltbild Hildegards auch hier die erwähnt grundlegende Rolle. Da natürliche Vorgänge und vor allem Heilungsverläufe für Hildegard u. a. auf göttlichem Wirken beruhen und mit Konzepten wie der altgriechischen Säftelehre erklärt werden, ist allerdings für die heutige Rezeption festzuhalten, dass ihre Erkenntnisse – auch jene in diesem Band – ohne Frage hauptsächlich kulturhistorischen und höchstens fallweise medizinischen Wert besitzen.